大都會文化
METROPOLITAN CULTURE

大都會文化
METROPOLITAN CULTURE

未來十年新格局

龍行天下

Dragons at Your Door

推薦序一

聯想集團董事局主席
柳傳志

二十多年前，我和一幫同事開始創辦企業的時候，雖然有著做點事情的強烈衝動，但誰也想像不到聯想能發展成為今天這個樣子。從上個世紀的最後二十年起，資訊革命和全球化改變了世界，改革開放改變了中國，中國和世界的變化也遠遠超越了人們的想像。中國企業的發展，只是這種變化的一小部分。

現在，人們都在談論中國的GDP很快就要躋身世界前三了，中國的崛起已經是不爭的事實。作為一個經濟總量排在世界前列的大國，中國製造在世界上有著舉足輕重的影響力，但我們還沒有出現一家真正意義上的世界級企業。

在這樣的背景下，曾鳴先生提出一個很令人關注的命題，就是「中國企業如何才能真正建立起世界級的競爭力」。在這本書裡，他把多年研究中國企業的心得做了一個總結，提煉出的核心詞是「成本創新」——以低成本的方式進行技術創新，以技術創新的方式降低成本。

過去二十年裡，中國製造在全世界最大的制勝法寶，就是低成本。聯想也是通過「毛巾裡擰水」一路走過來的。這樣的創新首先是不得已：先把精力集中在最容易切入的產品層面的技術創新，換來急需的市場和利潤，等積累好了生存和發展的基礎，才有逐步向核心技術靠近的本錢；但這樣的創新，更應該是主動的：中國企業起步較晚，跟在別人後面跑，總免不了要吃一些土，好處是在艱苦的條件下更能練出絕活，加上領先的決心，就有領先的可能。

目前，中國廣闊的市場還有很大的潛力，特別是中西部的發展會帶來更大的空間；中國的勞動力要比國外便宜很多，包括白領和科技人員；還有就是，中國有一批企業家有著高遠的追求，正拚命把企業做強做大。我相信，有了這些條件，中國經濟還會在相當長的一段時間內持續地高速增長，並遲早會誕生真正世界級的企業。

只是，這將是一個持續的歷史過程，而不是短暫的偶然事件。對中國企業來說，最怕的就是頭腦發熱，而將長跑當作了短跑。中國產生真正市場化的企業，歷史不過二十多年，與世界上的百年老店相比，我們要學的還有很多。

曾鳴先生原來是商學院的教授，現在是一家ＩＴ企業的高管，有著理論與實踐相結合的難得經驗，對國內外的情況也都很了解，相信此書會對每一個有志於研究和推動中國企業走向世界的人有所啟發。

推薦序二

蒙牛集團董事長兼總裁 **牛根生**

中國製造的「鳥瞰圖」

（一）

曾鳴教授所著的《龍行天下》有一個顯著特點——鳥瞰。

試圖鳥瞰全球化格局，鳥瞰中國製造，鳥瞰戰略機遇。

對書中的某些觀點，你可能產生共鳴；而對另一些觀點，你可能並不同意……但對問題的提出已經超過了問題本身。

在全球「平面」上，知道自己處於什麼位置有利於主動競爭，不知道自己處於什麼位置只能被動競爭。

知道自己向什麼方向努力是一種自覺競爭，不知道自己向什麼方向努力則是一種自發競爭。

曾鳴教授以自己跨躍中西時空的「雙向視角」，闡述了自己的觀察和思考。僅從下面兩段話，我們就可以管窺出作者身為學者的獨立視角。

提供給全球消費者的經濟價值方程式已經被中國競爭者以成本創新的方式改寫。被中國製造寵壞了的全球消費者把性價比的重要性提到了前所未有的高度。

以低成本的方式進行技術創新，以技術創新的方式降低成本；這將成為未來全球競爭的核心。

（二）

在曾鳴教授的書中，我欣喜地找到了不少共鳴。比如這一段：

最主要的競爭，在中國市場上看得很清楚：中國企業不斷從低端往高端走，跨國公司不斷從高端向下面滲透，他們將在中端市場短兵相接，決定成敗的因素將是性價比。

我所從事的霜淇淋行業，真的就是這麼一步步走過來的。過去，國外品牌長期盤踞高端市場與中端市場，國內品牌只能在低端市場上「攪稀稠」……但這樣「攪」了十幾年後，今天哪個洋品牌還敢小覷國產品牌？在目前的中國市場上，霜淇淋銷量的冠軍、亞軍都是國產品牌，國產品牌已經逐漸向中高端市場滲透，洋品牌也不得不轉過身來經營低端市場。

毛澤東為什麼提出「農村包圍城市」？就是因為對手太強大，自己太弱小嘛！攻強手要打弱點。市場上最容易突破的地方當然是利潤最低的領域。如果我們在低端產品上占盡規模，那麼，調動後續資源的實力就會增大，閃轉騰挪的空間也會擴大，這就有了向中端產品與高端產品進攻的「根據地」。這是在市場經濟中所走的「農村包圍城市」的路子。

（三）

在快速消費品行業，我曾對「中國製造」升級「中國創造」的戰略抉擇提出過「四個先後」：先國內，後國際；先軟體，後硬體；先做大，後做強；先責任，後崛起。

為什麼提出「先國內，後國際」？因為中國是全球最具成長性的最大市場。可以毫不誇張地預言，只要我們做成中國第一，就有可能成為全球第一，這是獨家優勢。因此，連松下電器也曾感慨：「不能在中國取勝，就會在全球敗北。」

但我們可以「以成本領先為先導」，卻不能「以成本領先為終結」。即便在中國本土市場上，上演的也不是一國企業的單邊競爭，而是全球企業的交叉競爭，這就向中國企業提出一個更高的要求：「不能在全球領先，就會在中國敗北。」

因此，要真正實現後來居上，中國企業必須儘快實現由「中國製造」向「中國創造」的驚險一跳。

曾鳴教授所著的《龍行天下》，是在「驚險一跳」前的「跳板打造期」裡值得閱讀的一本書。

國家與國家的競爭，戰爭年代靠軍隊，和平年代靠商隊。當賓士、寶馬跑遍天下時，德國崛起了；當索尼、佳能裝進普通百姓背包時，日本起飛了；當可口可樂、百事可樂倒進人們胃裡時，美國撼動了世界；當我們中國企業崛起於世界之林時，中華民族的偉大復興就真正實現了！

推薦序三

復星集團總裁
梁信軍

細心的讀者可以觀察到曾鳴長了一副天生的「資深學者臉」：年輕時顯得老成，年長後顯得深沉。

這張臉就曾騙倒我。

二〇〇四年，我進長江商學院讀EMBA時，最早聽過的幾節課中就有曾鳴主講的企業戰略。從那時直到現在，我認為他是我見過的、能聽講中文的、最好的公司戰略教授。

從對水平的敬服，演繹到態度的尊敬，進而熱絡於復旦校友的近乎，直到發現他竟然和我是復旦的同屆畢業生！再發現老成的資深背後，原來是一起軍訓的隔壁班的「曾同學」！震撼意外之餘，也為同輩人能出這樣的傑出分子而自豪。

接下來的故事，是得知他將去中國雅虎任總裁，一度很是惋惜。我認為人的特質決定了每個人適合或者能做好什麼。曾鳴的核心秉賦、他的「資深學者臉」，很適合做教授，而且很適合做著名教授。覺得他之去中國雅虎，對於馬雲來說，只不過是阿里巴巴旗下業務多了個總裁，但中國未來的ＣＥＯ學員群體，卻少了個傑出的戰略學教授。

我固執地認為一個優秀的ＥＭＢＡ教育專家比一個優秀的ＣＥＯ對社會和企業群體更有價值。

但曾鳴的新作，給了我、我們一個很好的安慰。

比如，他這樣判斷：後工業化時代……憑藉低成本優勢拿下低端產品市場的中國玩家，……可以通過大規模定制的方式去占領很多中端產品市場，這是未來十年最大的機會。

經典的真相還包括：「……被中國製造寵壞了的全球消費者把性價比的重要性提到了前所未有的高度。」

令你我感到熟悉的還有，曾鳴關於全球化消除了資本、人才、技術壁壘，給後進企業反超機會的描述，正被中國二〇〇六年以來造創全球ＩＰＯ絕對和相對額度新高的事實、中國企業不斷在不同行業演繹出逼近行業領先的大小活劇反復證實。

書中創造性地揭示了中國企業實現大規模、群體性行業突破，並成功保持和跨越成本優勢的真相是：改變了遊戲規則……這一規則的改變，還體現在他對未來中國製造新成長模式的預言：成本創新。令人耳目一新，很有啟迪。

曾鳴在談到寫這本書的主旨時說：試圖從宏觀和微觀兩個層面描繪出中國製造未來十年的可能性，並指出中國的先行者們已經探索出的實現這種可能性的路徑。

我認為曾鳴書中揭示的一切，將有助於中國政府、企業更深刻地在全球化的視野中理解自身、理解世界今日的規則，也將有助於世界讀懂今日之中國。

作者簡介

曾鳴

二〇〇六年加入阿里巴巴集團，現任阿里巴巴集團戰略執行副總裁；一九九八～二〇〇二年曾任教於歐洲工商管理學院（INSEAD）；二〇〇二年加入長江商學院，任職戰略學教授；一九九八年獲得美國伊利諾伊大學國際商務及戰略學博士學位，是戰略及國際商務方面的專家，對於戰略創新、戰略轉型、戰略聯盟與併購、電子商務以及國際化戰略等方面有深入研究，在戰略管理領域內因對中國企業的開創性研究而在國內外享有盛名。

曾鳴教授的研究成果在世界頂尖管理雜誌得到發表和認可，包括：〈Academy of Management Review〉、〈Organization Science〉、〈Journal of International Business Studies〉、〈Harvard Business Review〉、〈California Management Review〉、〈Sloan

Management Review〉等，並被《華爾街日報》、《經濟學家》、ＣＮＢＣ和ＢＢＣ等媒體廣泛報導。

英文著作《Dragons at Your Door: How Chinese Cost Innovation is Disrupting Global Competition》於二〇〇七年五月由哈佛商學院出版社出版，迅速成為全球暢銷書；二〇〇四年由機械工業出版社出版的《略勝一籌》一書，多次被評為國內最有影響力的原創管理學著作；二〇〇三年在《哈佛商業評論》發表關於中國企業國際競爭力的文章，在全球產生了巨大的影響，是近年來《哈佛商業評論》被引用最多的文章之一。

彼得・J・威廉森（Peter J. Williamson）

歐洲工商管理學院管理與亞洲商務教授、劍橋大學Judge商學院訪問教授。曾任倫敦商學院ＭＢＡ院長，哈佛商學院全球商務與戰略管理訪問教授。

有二十多年與亞洲本地企業以及在亞洲的跨國公司合作的經驗。一九八三年之後，積極參與在華合資企業的研究，以及大量的兼併收購案例。還是數家公司的非執行董事，包括在英國註冊的中資軟體公司——新銳國際。

威廉森教授在哈佛大學取得商務經濟博士學位，研究領域涵蓋全球化、亞洲公司的國際化、戰略創新、競爭動態以及戰略聯盟。其論文〈Is Your Innovation Process Global〉獲得二〇〇五年度Sloan-Pricewaterhouse Coopers獎——該獎項授予對提升管理實踐做出貢獻的文章。威廉姆斯教授已經出版多部著作，包括：《Winning in Asia: Strategies for the New Millenium》、《From Global to Metanational:How Companies Win in the Knowledge Economy》、《The Economics of Financial Markets、Managing the Global Frontier》、《The Strategy Handbook》、《Global Future:The Next Challenge for Asian Business》。

致謝

這本書的寫作醞釀於一九九八年。當時我剛剛成為INSEAD（歐洲工商管理學院）的教授，和威廉森教授成為同事。我們談起亞洲金融危機後中國經濟的強勁發展，以及在中國市場越來越多的本土企業正在搶奪跨國公司的市場份額。我們希望能夠深入了解基礎如此薄弱的中國企業為什麼能夠這樣快速地崛起。一九九八年十二月，我回到中國進行了第一輪企業訪談。那是整個研究的開始。

我們非常幸運地趕上了中國企業發展的黃金十年。我們的研究也隨著中國企業競爭力的不斷加強、國際化程度的快速提高而不斷深入。

一晃就是十年。本書是這十年近距離觀察研究中國企業發展的心得提煉，重點是對中國製造的未來提供一些前瞻性的建議。

我們的研究得到了眾多中國企業家的長期支持。柳傳志、張瑞敏、馬雲、王石、李東生、牛根生、麥伯良等人的思想對本書的觀點都有重要的影響，對我在研究道路上的成長幫助很大。而除了一本正經的企業調研外，更多的思想火花來自於和長江商學院的近千名企業家同學在課堂內外無拘無束、推心置腹的交流。他們無私地分享自己企業發展中的經驗和痛苦，對我啟發良多。在此衷心地感謝所有幫助過我們的企業家們。柳傳志、牛根生、梁信軍、衛哲諸先生在百忙中為本書作序和跋，特別感謝他們的支持和鼓勵。

威廉森教授是研究企業戰略和跨國公司管理的國際權威，和他的合作對於真正理解過去三十年國際化發展和跨國公司戰略的演變有著不可或缺的價值，而我們倆這十年的合作也是對中國企業和跨國公司未來合作模式的一個小小的樣板。

好的研究，就像好的企業一樣，不但需要理想、願景和堅持，同樣需要人和資源。INSEAD和長江商學院先後投入了大量的經費支持這項研究。劉勇、田子睿、何曉明在過去的三年中提供了一流的研究支援。肖華、溫翠玲、張宇、Kevin Foley 和其他很多人也在這項長期研究的不同階段提供了支援。

這項研究以及英文稿在二〇〇六年就已完成。由於我加入阿里巴巴集團後工作繁忙，中文書一拖再拖。最後的成稿很大程度上得力於《南方週末》經濟部余力女士的大力幫助，以及機械工業出版社華章分社周到的編輯支持。

由於最後成稿的時間倉促，本書還有不少明顯的缺漏，請讀者原諒。但希望瑕不掩瑜，本書的主要觀點能夠對中國企業未來的發展提供有益的指導。

很希望能夠和各位讀者進一步交流。請訪問本書的網站：http://globalchina.zhan.cn.yahoo.com

前言

經過近三十年的高速增長，迅速成為世界的工廠後，中國製造在最近幾年面臨著前所未有的挑戰。品質、勞動力及各種原材料成本的上升，匯率、環保、貿易保護等尖銳的矛盾凸顯了問題的嚴重。中國製造的出路在哪裡？中國製造未來的發展路徑如何？中國能不能產生真正世界級的企業？在什麼行業，什麼時候？

這是本書試圖回答的問題。從一九七〇年以來，全球經濟一體化不斷加速，開放的貿易導致了全球分工合作的深化，規模經濟大大提升；資訊化和外包的普及促進了產業鏈在全球的重新佈局；資本在全球的流動進一步加速了經濟一體化的進程。而中國從一九七八年開始的逐步深入的改革開放，充分利用了全球經濟一體化帶來的巨大機會。中國的大量廉價勞動力第一次進入國際市場，這一生產要素和大規模製造的結合，最大限度地釋放了中國的勞動力成本優勢，而中國製造的巨大成本優勢直接帶來了製造環節向中國的快速轉移。中國迅速成為了世界的工廠。

這樣的快速發展必然帶來勞動力成本的上升（這原本就是經濟發展的重要目的之一！）以及貿易衝突等問題。創造性地解決這些問題是中國製造未來發展的動力和機會。

中國製造未來十年的核心是本書提出的成本創新的概念。成本創新有兩個層面的含義：⑴企業通過創新，而不是簡單的低要素成本，進一步降低成本；⑵企業創造性地應用種種方法以低成本的方式實現（主要是應用型）創新，從而帶來性價比的大幅提升，創造全球競爭優勢。這個戰略的提出是建立在幾個基本的假設之上的：任何企業（和國家）的競爭優勢都來源於把自己的資源比較優勢創造性地轉化成市場上的競爭優勢。而中國在未來十年，甚至更長的時間內，最大的資源優勢依然是低成本的勞動力。當然，隨著教育、培訓等方面的發展，中國的勞動力優勢也在逐漸從生產線上的簡單勞動力提升為工程師、設計、管理等人才，而這正是中國製造第二階段優勢的源泉。另一方面，由於整個國家的研發教育體系的局限和積累的不足，中國要在原創、前沿的基礎研究發明方面有質的突破還需要時間的積累。自主創新是實現產業升級非常重要的發展戰略，但核心問題是在我們自己的資源、能力都非常有限，跨國公司又很強大的情況下，選擇什麼樣的創新道路，才是真正有效的？中國未來十年創新的基本指導思路應該是「成本創新」，因為這是窮人的創新之道。

但這已經足以支撐中國製造未來十年的升級換代。中國製造全面、大規模地在中等技術含量的領域突破將進一步改變全球的產業格局，形成一批真正世界級的企業。

本書的結論是建立在對中國製造過去十年的跟蹤研究的基礎上的。一九九八年我們的第一個研究專案試圖分析為什麼在中國市場，面臨著強大的跨國公司的激烈競爭，聯想、華為、海爾等本土企業卻佔據了領先的地位；二〇〇一年開始的第二個研究項目關心的是中集、振華港機、格蘭仕、比亞迪等企業怎樣在一些細分市場成為全球最領先的企業；二〇〇三年開始的第三個研究專案則側重於跨產業的比較研究，試圖分析中國企業在服裝、家電、電腦等行業的發展路徑是否會在手機、汽車、機床等行業重演；而從二〇〇五年開始，隨著中國企業國際化的加速，我們又開始研究聯想、華為、海爾、T

CL等本土企業全球攻堅戰的經驗和教訓。

然而，這本書的重點不是簡單地對過去十年的經驗進行總結，而是試圖通過對中國企業過去發展路徑的研究，提出未來十年發展的基本戰略。成本創新的戰略就來源於這樣的思考。

這本書的一個獨特優勢是宏觀、中觀（產業）、微觀三者的有機結合。不理解企業家（人）的創造力，不了解企業發展的細節，就無法掌握宏觀經濟發展的微觀基礎，無法真正了解中國製造的秘密所在。本書的結論是建立在對中國企業長期深入的案例分析基礎上的，而企業戰略的成功必須對產業發展規律有清晰的認識。他山之石，可以攻玉。跨行業的比較是對自身行業前瞻性認知的重要借鑑。而「時勢造英雄」，企業家只有充分把握了宏觀經濟發展的大趨勢，才能游刃有餘，把企業帶向下一個高峰。

建立在同樣的研究基礎上的各種研究性文章已陸續在全球的學術期刊上發表。總結性的英文書《Dragons at Your Door: How Chinese Cost Innovation is Disrupting Global Competition》已經由哈佛商學院出版社二〇〇七年五月出版，並迅速成為全球暢銷書。

該書的側重點是中國的成本創新將顛覆全球競爭格局，以及跨國公司必須如何面對這一殘酷的競爭。

這本書並不是從英文書翻譯而來，而是重新改寫的。它的核心是講述中國企業應該如何利用整合創新、流程創新、顛覆性創新等戰略，實現成本創新，全面搶占下一輪全球競爭的制高點。

「數風流人物，還看今朝！」祝願中國的企業家們在中國製造的第二個黃金十年創造新的輝煌！

目錄

目錄

導論 中國製造的下一波

一九九一年，我初到美國學習經濟學。當時，日本對美國經濟的衝擊達到頂點（雖然現在回頭看已經是尾聲了），從匹茲堡到底特律，從汽車業到電子業，美國企業大量裁員，失業的工人走上街頭抗議，搗毀並焚燒日本汽車洩憤……

而當時的中國，雖然改革開放在一九七八年就已開始，但仍在擺脫貧困的道路上搖擺不定，經濟籠罩在回到計畫體制還是走向市場經濟的大爭論疑雲中。要到一年後，中國才宣佈選擇市場經濟。

僅僅在十餘年的時間裡，中國已徹底告別短缺經濟，從一個封閉的農業國成為「世界的工廠」——中國產品潮水般湧向全球，中國製造已成為令人生畏的力量。現在，在美國，在歐洲，人們正在談論如何應對來自中國的衝擊，如同一九九〇年初他們談論日本一樣。

如何理解這一仍在加速的變化進程，並沒有一致的答案。

二〇〇七年，中國的現實呈現出更為複雜的圖景。

悲觀者看到：人民幣持續升值，石油、鐵礦石等資源價格繼續大幅提升，土地、勞動力和環境成本的上升遠遠高於其他國家，中國製造的低成本優勢正在被削弱；另一方面，對中國產品質量的質疑前所未有地成為西方媒體追逐的熱點，《華爾街日報》甚至以「中國製造遭遇危機」作為中國報導的專題。

悲觀的看法認為，中國僅在全球產業價值鏈的末端佔據了支配地位，中國的競爭力僅僅是低成本的製造能力，相對於產品的數量和規模，中國在價值創造上的成就幾乎可以忽略。

而且，這樣的模式不具可持續性——一旦成本上升的趨勢開始，中國產品的競爭力將難以維繫。而這一過程似乎已經開始。

但另一方面，大量的數字還在不斷加強樂觀者的判斷：統計資料顯示，中國企業的利潤率仍在提高中，中國企業IPO的價格和規模一再刷新歷史紀錄；中國的出口仍在持續兩位數的增長，中國已超過德國成為全球第三大貿易國，正取代美國成為全球增長引擎……

斑駁的表像之下，隱藏著怎樣的現實？

在兩個提問的刺激下，在今年，我找到了理解現實的鑰匙。

在擔任商學院教授的多年中，被問的最多也是最根本的問題：一方面來自跨國公司，問的是價格戰什麼時候在中國是個頭？什麼時候不會再遭遇中國企業這麼恐怖的價格殺手？另一方面來自中國企業，問的是我什麼時候能能夠走出價格戰的泥潭，可以享受跨國公司的超額利潤？

我一直沒有滿意的答案。直到一天，我在課堂上脫口而出：其實雙方都在做夢，整個世界正在發生著根本的變化，跨國公司過去的那種好日子將不會再來。世界的經濟格局正在發生根本性的變化。由於巨大的金融資本和人力資本在全球的極大流動性，任何技術創新所能帶來的模仿壁壘和壟斷利潤都在快速下降。相對同質化的競爭讓低成本成為任何企業參與競爭的必要條件。中國企業的崛起把全球競爭的殘酷性推到了一個新的高度。（畢竟，中國要解決的是一個前所未有的難題：全面提高十三億人口的生活水平，並在短短幾十年內走完別人在幾百年內走過的工業化道路，全面進入工業化時代。印度等國家的加入只是進一步放大了這個問題。）無論是中國企業還是跨國公司都必須正視新競爭的殘酷性，不能有任何幻想。誰能最早領悟新的遊戲規則，並率先培養出適合新競爭環境的核心能力，誰就能主導下一輪的競爭。

這個變化的重要驅動力是正在加速的全球化，美國人湯瑪斯・弗里德曼（Thomas Friedman）在他的暢銷書《世界是平的》（The World is Flat）裡，很好地描繪了變化的過程。資訊革命在過去三十年不斷地深化，使得越來越多的產業得以在全球範圍內進行水平分工，資本、技術和人才比過去任何時代都更能實現全球性流動，世界完全是扁平的。在這樣的競爭格局下，只要真有能力，無論是企業還是國家，都比原來更容易在全球範圍內配置資源，實現優勢，而不會更多地局限於原來那個支離破碎的世界經濟格局。

中國在二十世紀七〇年代末開始了歷史性的改革開放，剛好與這一次全球化的進程同步，逐步解開束縛的十幾億中國人釋放出了巨大的能量，在薄弱的基礎上，通過承接西方國家的產業轉移，通過學習西方技術，結合自身的比較優勢，在過去三十年內依靠低成本競爭，做成了世界工廠。

非常重要的一點被許多人忽視：早於中國起步的日本和韓國，在它們高速發展的階段並沒有被稱為「世界工廠」，而中國獲得了這樣的稱呼，是因為中國不僅在眾所周知的服裝、箱包、製鞋和玩具等勞動密集型產業內具有全球競爭力，而且在包括電子、造船、資訊技術在內的絕大部分製造業領域內也具有低成本優勢，可以為全球提供產品。這意味著，中國企業不僅在跨國公司主動轉移的產業鏈上證明了自身的能力，也進入了跨國公司並未放棄的領域。日本、韓國企業的發展路徑主要是在少數產業的集中突破，而中國企業的發展主要體現在大多數產業的製造環節的大規模全面突破，而這種發展路徑正是扁平的世界和開放的中國互相作用的結果。中國的開放政策也迫使中國企業加速形成自己的能力。

少有人提及，中國不但比日本、韓國在同樣發展階段的對外開放度要高得多，甚至在很多方面比今天的日本和韓國的開放度還要高。跟日本、韓國的崛起不一樣，中國在自身經濟發展的初級階段，就迅速、全面地融入全球經濟，這使中國企業在成長初期就被逼著在自家的後花園裡跟最強大的跨國公司直接過招。這是很大的壓力和挑戰，但是反過來，也是中國企業難得的機會——活下來的企業都是很強大的企業，至少生存能力特別強。

自身的資源和能力都非常有限的年幼的中國企業既缺乏品牌，也無法進行傳統意義上的技術創新來獲取壟斷性技術，享受由此帶來的超額利潤，降低價格不得不成為它們主要的競爭方式。過去十餘年裡，殘酷的價格戰在中國的各個產業領域漸次發生，從最初的服裝、鞋帽，到冰箱、電視等家電，再到手機、電腦等消費電子產品，競爭中的中國企業被迫竭盡全力地尋找市場空隙、尋找新的利潤空間和掌握新的技術，它們竭盡全力「向全世界學習」以存活下來。許多企業消失了，但海爾、聯想、華為這些活下來的企業則日漸強大，成為國際市場上的「中國玩家」。

一個很有意思的判斷是，中國企業在殘酷的競爭當中形成的某些能力，有可能在未來的全球競爭中具有特別重要的價值。比如在國內農村包圍城市的路徑，現在正在中國企業的海外擴張中被複製——從發展中國家開始快速的發展，再包圍比較發達的國家；又如，在相對成熟的高科技產品上，中國企業擅長在質量、功能和成本之間找到比較難把握的平衡，從而迅速實現這些高科技的普及和大規模生產。而跨國公司很可能更強調研發、強調性能，而不是那麼關注成本，因此中國企業對產品性價比的大幅提升產生了巨大的市場衝擊力。

手工業化時代最大的特點是什麼？訂製。工業化時代最大的特點是福特式的流水線、標準化、大規模。後工業化時代，最大的特點是大規模訂製。中國企業靠大規模製造進入了全球經濟，但隨著全球化的深入、全球經濟模組化的發展，許多新的空間產生，憑藉低成本優勢拿下低端產品市場的中國玩家，雖然高端市場仍夠不著，但可以通過大規模訂製的方式去占領很多中端產品市場，這是未來十年最大的機會。

現實中，跑在最前面的中國玩家們已經遠遠超越了簡單的低成本製造，它們已可以以低廉的價格提供高質量的、高技術含量的、多樣性的和專業的產品——過去，這些產品大多高成本、高價格，曾一度為領先的跨國公司帶來穩定而相對長期的超額利潤。提供給全球消費者的經濟價值方程式已經被中國競爭者以成本創新的方式改寫。被中國製造寵壞了的全球消費者把性價比的重要性提到了前所未有的高度。

與此同時，全球化正在整體降低技術壁壘，後來者也有可能獲得新的技術，而跨國公司過去的成功正成為它們的羈絆——由於是技術的先行者，在推進技術中，有可能被鎖定在特定的技術軌跡上，當新的技術出現的時候，它們掉頭、轉身、轉換的成本要遠遠高於新進入的競爭者。雖然已感受到「價格殺手」的恐怖，但這些當下仍在眾多領域享有優勢地位的領先者們並未充分意識到，它們的領先空間正在「中國式遊戲」中被蠶食，由它們主導的經濟均衡正在面臨來自中國的顛覆性競爭。

如果說，中國的競爭力在昨天可能是以一種價格盡可能低的基本形式出現，那麼在逐步深化的全球化過程中，中國那些壯大中的全球玩家們正在變得更具進攻性——中國企業正在以盡可能低的價格提供更新、更好、更具個性特徵的各種產品，從傳統的到高技術的。

過去中國的競爭力有許多抵達不了的邊界，但那條邊界已經在諸如家電、汽車零部件和機械等行業消失。它即將進入汽車行業的核心，而一波破壞潮已經對醫療設備和精細化工產業造成打擊。早期跡象表明，在複雜、附加值高的行業裡，如生物技術、飛機製造和裝備行業，也出現了新的來自中國的競爭，而人們以往認為新興的中國企業難以企及這些行業。

對於企業而言，戰略最重要的作用是指導發展方向。要明確發展的方向，就必須知道終點在哪兒——對終局的判斷直接決定戰略的前瞻性，再在對未來假設的基礎之上，選擇到達的最有效的路徑。

這本書試圖從宏觀和微觀兩個層面描繪出中國製造未來十年的可能性，並指出中國的先行者們已經探索出的實現這種可能性的路徑。如果沒有意外，下一個十年，未來的ＩＢＭ、未來的索尼、未來的通用汽車……一批世界級的企業將在中國誕生。

龍行天下

第一篇

全球產業格局演變

二十世紀八〇年代我願意作為一個庸才生在美國，而現在我一定選擇作為一個天才出生在中國。

——比爾・蓋茲　引自《世界是平的》

每個大時代，總伴隨著大國崛起。

一個世紀前是美國，一個世紀後的今天是中國。如德國前駐華大使 Hannspeter Hellbeck 博士在今年所說，「近二十多年來中國史無前例的上升，也許只有十九世紀末美國的崛起，才可與之媲美。」

十八世紀，第一次工業革命中蒸汽機的發明不僅使英國的紡織業領先全球，也使經濟史發生裂變，西歐國家超越當時居於領先地位的中國和印度，主導全球經濟，直至美國崛起。

而有了電才有了通用電氣，有了汽車才有了福特。福特式的流水線、標準化、大規模生產使全球經濟發生了結構性變化，美國在全球的領先地位在二十世紀初由此奠定並保持至今。

經濟結構的又一次全球性根本變革出現在二十世紀最後二十年——資訊革命使世界變成了平的，技術、資金、人才跨越過去的壁壘，開始真正意義上的全球流動，使產業在全球的水平分工成為可能。或許是歷史的偶然，全球人口最多的中國在同期開始了改革和開放，並在不到三十年的時間裡成為世界工廠。

雖然中國與二十世紀中後期日本、韓國經濟成長的路徑相似，但由於國土和人口規模的懸殊，以及一個更開放的全球經濟環境，中國崛起對世界的衝擊遠非二者可以比擬。在初期，中國的競爭力體現為低成本的加工能力和規模優勢，但隨著世界越來越平，中國已開始形成獨特的成本創新能力，這一能力對現有全球產業格局的衝擊僅僅只是開始。正是緣於此，中國崛起將是一個持續的歷史過程，而非短暫的偶然事件。

中國企業正面對著一個劇變的大時代，這個歷史性機遇一定有人能抓住，也一定有人抓不住。

第一章 扁平的世界

全球化三．○與其他兩個時代的區別不僅在於它如何縮小且鏟平了世界，並賦予個體力量，區別還在於全球化二．○和一．○主要是由歐洲和美國驅動的。但是隨著全球化的不斷深入，這變得越來越不真實。全球化三．○變得越來越不僅僅由個人驅動，而且由來自不同——非西方人，非白人的——團體的個人驅動，那些來自世界每個角落的並且被賦予力量的個人。

——湯瑪斯．弗里德曼，二○○五年

過去三十年，最重大的歷史事件是全球化。

從最早的蒸汽機到福特的標準化革命，工業革命在這個時代推進到資訊革命。

資訊革命由ＩＴ（information technology）產業發展帶動，首先是ＰＣ（personal

computer）先導的電腦產業發生變化，然後是IT向其他行業滲透，帶來水平化、模組化分工，使全球範圍內分步式系統合作等成為可能，使各產業的製造、組裝等各個環節可以剝離出來，在全球進行外包，與此相適應，資本、人力等資源在全球進行配置。真正意義上的全球化開始了，世界因此變得扁平。

電腦產業的演變描繪了這一軌跡。二十世紀七八十年代個人電腦興起的時候，幾家公司包攬了所有產業鏈的環節，最典型的就是蘋果——從晶片的整合到作業系統，到印表機，到所有的硬體、軟體，全部是由一家公司獨立完成的。但是IBM的崛起，包括它所帶來的英代爾和微軟真正的興起，實際上是把IT產業變成水平分工，英代爾做晶片，微軟做作業系統，康柏、戴爾做組裝，應用軟體都由各自的企業去發展，形成一個生態圈的概念。而這個平台上的每一個人都盡最大的努力創新，帶動了整個平台的發展。

這個結構性的變化，足以解釋為什麼蘋果在一九九〇年到二〇〇〇年之間，從電腦行業的絕對領袖迅速地衰落成市場份額不到二%的被邊緣化了的企業。

而蘋果最近一些新產品的出現，是因為它又增設了新的開放性的標準化系統，可以跟微軟、ＰＣ和其他的標準做對接，才讓蘋果重新把創新能力擴散到所有的產業。

ＩＴ產業格局最大的特點就是模組化、標準化、水平分工。隨著ＩＴ技術的應用滲透到越來越多的產業，越來越多的行業也變得模組化、平台化，全球的產業鏈被分解為越來越多的相對獨立的環節，從垂直整合變成水平分工。越來越多的產業的結構變得平台化、標準化，不同的企業只生產其中的某些模組。

在這樣的開放平台上的通用技術的興起，已經成為近年來全球競爭最主要的趨勢之一。從ＩＴ領域裡的Linux、Java、USB介面，到生物技術領域的開放的人類基因序列等，大家都在盡可能構建一個標準化的平台，每個人都可以把力量聚焦在某一個環節的創新，而不用不斷地做整體的系統創新。模組化的結構最大的好處是創新速度很快，而且成本也可以快速降低。新技術更快地出現，而模組化、標準化的特徵使得它們在全球範圍內被迅速應用，產品的不同部件得以在不同國家研究、生產、組裝和銷售。

由於晶片、衛星、光導纖維、網際網路的發明，導致通信成本迅速下降，使今天的世界能比以前更緊密地結合在一起。全球的低成本即時溝通成為可能，工作流的出現讓大家在全球的各個環節去完成同一個任務。原來必須在同一個地方，由同一個人完成的工作分解到全球各地，這樣就能夠充分地利用全球各個地方完全不同的資源，做到真正意義上的全球資源整合，包括開放式創新、外包、強大的供應鏈管理等，世界經濟一體化真正得以實現。

世界是扁平的，各地的人們可能利用的全球的機會也越來越一致。而企業與國家也是如此，可以比原來更容易地在全球範圍內實現優勢，體現價值，而不再局限於原來那個支離破碎的世界格局。

二十世紀九〇年代末，資本、技術和資訊的民主化同時來到，曾經存在的似乎無法克服的各種壁壘在迅速消除。對於西方世界之外的發展中國家而言，尤其如此。

技術趨於平台化、模組化，極大地降低了技術壁壘，使得後進國家可以從最簡單、最小的模組切入，可以從附加值最低的環節介入，不斷地累積經驗，累積能力，累積資源，再通過一個個模組往上延伸，逐步突破競爭的壁壘，這樣比一開始跟巨無霸競爭要好很多。

眾多的後來者開始進入了他們原來無法企及的領域。湯瑪斯・弗里德曼在其書中寫道，「今天，可以說所有的人都成了生產者，而今天的全球化也不僅僅是發展中國家將生產原料運往發達國家，再由發達國家生產出成品，發展中國家再從發達國家買回成品。不！今天，由於技術民主化，各種國家都有可能得到技術、原料和資金，也都有可能成為生產者或合約承包人並親自完成高精技術生產或服務，這也成了將世界編織在一起的更神秘的力量。」

在世界範圍內，技術創新的平均生命週期在十九世紀約為七十年，而戰後縮短為五十年，八〇年代再縮短為十年；目前，僅為三年到五年，一些高科技行業的產品生命週期甚至只有十八個月左右。產品生命週期的急劇縮短，意味著技術壁壘加速消除，原有的產業領袖無法再安享技術領先帶來的超額利潤，而後來者甚至可能通過顛覆性的創新超越前者。

顛覆性的創新完全打破了現有的規則和模式，能夠推翻現有的勢力平衡，甚至改變競爭格局。當顛覆性創新出現的時候，原來的龍頭老大往往面對著失敗的命運。顛覆性的創新，由於技術上有斷裂性，或者是完全不同的技術路徑，或者在性價比上會有飛躍，對原來的企業造成很大的打擊。

以ＩＰ電話為例。基於網際網路ＩＰ技術的電話最早出現的前七八年內，對原來主流的電信並沒有產生衝擊，但當它的技術、性能達到了一定程度的時候，其質量、可靠性、價格都已經完全超越了傳統電信，就對傳統電信運營商產生了顛覆性的衝擊。因為是兩個完全不同的基礎，而且業務模式、運營方式、核心能力、固定資產的投入，各方面都不一樣，所以對傳統的電信運營商來說是巨大的根本性的衝擊。類似這樣的技術變革，可以幫助後來者改變整個行業的格局。

而居於金字塔底層的人們，也前所未有地成為了產品和服務的目標客戶。發展中國家的人口占全球人口的大部分，而在這些國家中，底層的人、比貧困線好不了多少的人又佔據了巨大的人口比例，一直以來，單獨給他們提供服務，成本結構很不合理，令他們被隔離在全球市場之外。這個人群的基數非常大，四五十億人，即使每人僅花兩三元錢，也是一百億規模的市場。世界變得扁平，使得一些企業有可能把通向底層顧客的管道打通，創造新的商業模式去服務他們，聚沙成塔，底層的人也可以成為某種意義上同質化的有價值的市場。

世界在扁平化，其本質是一次全新的成本革命過程。在這個過程中，全球產業格局發生著急劇的變化，橫亙在原有的市場領先者、後來者，發達國家、發展中國家之間的歷史藩籬正在消失，最有效率地利用全球資源、以最低的成本生產最新的產品、尋找到最優性價比的企業將成為贏家。

過去三十年，得益於歷史性的改革開放，在空白的基礎上誕生、在殘酷的競爭中成長起來的中國企業，正在成為可能的贏家。

第二章

開放的中國

我終於理解了九%的經濟增長率意味著什麼——一個從不停止運轉的經濟，工作晝夜不停的輪班倒以彌補失去的時間。對中國而言，需要彌補的時間是五百五十年。

——傑佛瑞．薩克斯，一九九二年

一四三四年，明朝的皇帝解散了鄭和率領的船隊，結束了海上貿易和探險，開始了閉關鎖國的歷史。這也是天朝大國走向衰落的開始。此時的中國，技術在全球仍居於領先地位，直至十八世紀工業革命使西方世界崛起。

中國錯過了第一次、第二次工業革命，當第三次工業革命（資訊革命）在美國興起時，中國開始了改革開放。從一九七八年開始的改革開放政策，使中國從全球化浪潮中獲益巨大，成為這個浪潮中最大的受益者。

中國的改革選擇了從農村到城市，從農業到工業的路徑。一九七八年時，中國是一個龐大而效率低下、為貧困和商品短缺所困擾的農業國，農業佔據經濟總量的七十%，人口的七十%是農民。計畫體制最先在農業部門被打破，農民分田到戶，一定程度上可以自由交易自己的農產品；同時，被允許成立一些簡單的小型加工企業——在早期，大部分是粗陋的手工作坊，最初中央政府的規定是，雇傭人員超過八人就違法——這就是後來的鄉鎮企業。

農業部門的改革不僅使中國收穫了農業的大豐收，同時解放了農村勞動力，使他們獲得了離開土地出外就業的自由，這為「中國製造」提供了數量龐大的勞動力儲備。

在城市和工業部門進行的改革，則使「中國製造」獲得了資本、技術和市場空間。從八〇年代中期開始，政策放鬆了對私人成立企業的限制，經濟中的私有成分大量增加，使得中國人不再只能從國有企業獲取產品和服務，私人企業得以從國有經濟的補充逐漸成長為市場中最具競爭力的部分。

而價格改革在經歷了混亂的雙軌制之後全面放開，中國企業前所未有地獲得了產品的定價權，基於價格信號的市場競爭由此成為可能。

同時，中國對外部世界打開了大門——從八〇年代初起，中國開始嘗試開展國際貿易和吸收外國投資，設立了一些經濟特區（即西方概念中的自由貿易區），允許外資設立工廠，並向更多的企業發放進出口貿易許可證。

全球化背景下的產業轉移方興未艾，打開大門的中國成為承接產業轉移的新窪地，大量外資湧入。他們帶來中國缺乏的技術和資本，並雇用大量來自農村的廉價勞動力，為國際市場生產勞動密集型產品。

一九九二年之前，來到中國的直接投資以香港、台灣等地的華人資本為主。一九九二年中國宣佈要建立「社會主義市場經濟」，歐美主流資本開始大規模進入，一九九二年一年，中國吸收的外國直接投資就是一九七八年以來各年的總和。

數以千萬計的低成本勞動力、國際市場上的先進技術、不斷追加的資金，加之中國穩定安全的投資環境，這些因素組合在一起，使中國出現了歷史性的起飛——短短數年的時間裡，中國已開始成為服裝、製鞋、塑膠製品、玩具和電子配件等勞動力密集型產品的出口大國。

來到家門口的外資，為中國本土企業提供了學習和模仿的便利，過去與外部世界隔絕的中國人首次可以全面接觸西方先進的技術、管理和經驗，並進行基於中國現實的借鑑、模仿和複製。

價格的鬆綁，市場管制的放鬆，外資和本土私營企業的迅速增長，形成了強大的競爭壓力，一直受到政策保護的國有企業大量虧損，難以為繼，為此中國政府在二十世紀九〇年代中期全面啟動了國企產權改革。雖然這一改革的過程引發了持續至今的巨大爭議，但最終中國國有企業的數量從數十萬家減少到不足一萬家，國有資本大量退出競爭性行業，使得眾多私營企業得以支配遠較過去豐富的資源，獲得了遠較過去廣闊的成長空間。

進入二十一世紀，隨著中國日益成為全球製造中心，進一步對內和對外開放的要求同等強烈。二〇〇一年，中國結束了漫長艱苦的談判，加入了WTO。六年以來，中國逐步兌現當年的入世承諾：製造業已全部對外開放；在世貿組織分類的一百六十個服務貿易部門中，中國已開放了一百多個，開放比例已接近發達國家的水平；銀行、保險、證券等金融業的開放也在按預定的時間表順利推進。

與日本、韓國的同等發展階段相比，中國市場的開放程度遠遠領先，甚至在某些方面比現在的日韓開放得還要多。

改革打破了中國僵化的計畫體制，使市場競爭成為可能，中國企業的創造力得以釋放。開放則給中國帶來了資本、技術和國際市場，也使中國企業在成長初期就置身於國際競爭中。因為中國開放了，因為中國有了市場經濟，也因為中國的勞動力完全參與了全球產業轉移過程，全球化的進程因中國因素而加速。

二〇〇一年後，中國成為全球最重要的投資地。一九八〇年，中國的出口額僅為數十億美元，二〇〇〇年超過兩千億美元，到二〇〇六年已上升為九千七百億美元，成為全球第三大貿易國。

令人印象深刻的資料背後，更深刻的變化正在發生——中國作為全球主要消費市場的重要性日益增長。

在九〇年代中期之前，對跨國公司而言，中國僅是潛在的市場，僅有少數的高端人群可以消費它們的產品。相當長時間裡，跨國公司和本土企業在中國市場上各執一端——弱小的中國企業做農村市場及低端市場，而跨國公司則專注於沿海城市的中高端，低端產品領域內中國企業間殘酷的價格廝殺並未波及後者。

但隨著中國市場的飽和，爆炸性增長的過去，中國市場的競爭也開始進入白熱化階段，跨國公司發覺它們在中高端領域開始受到中國企業的挑戰。

低端領域殘酷的價格戰迫使活下來的企業選擇往更高端突破。在這個過程中，新興中國企業開始了成本創新——不再是簡單、低成本地生產服裝及鞋帽等低端產品，而是進入了附加值更高的領域，用低成本生產高科技的、個性化的或專業化的產品，如手機、個人電腦等。同時，在傳統行業內，中國企業快速從生產向設計、研發、品牌等高附加值環節擴張。

正日益扁平的世界為中國的先行者提供了外部技術的支援，中國人開始嘗試創造性地將新技術與中國市場的需求結合起來。他們進入力所能及的所有領域，嘗試提供新產品，尋找符合中國實際的性價比，為普通消費者大量提供不那麼精緻但足夠實用的最新高科技產品或專業產品。

這樣的中國故事在各個產業領域內一再上演，提供給全球消費者的經濟價值方程式已經被中國競爭者以成本創新的方式改寫。受益於全球化的中國企業，它們發動的成本革命讓所有人都被壓到一個新的環境下生存，此時，它們已成為全球化最大的動力、新的遊戲規則的參與者和制定者。

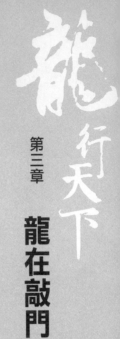

第三章 龍在敲門

不能在中國取勝，就會在全球敗北。

——松下電器，二〇〇二年

比較優勢

幾項不同於其他發展中國家的獨特比較優勢，使中國不但從這次全球化浪潮中獲益匪淺，更成為它的驅動力。

第一，中國擁有比世界大多數地方更便宜的大量研發人才。理解中國經濟，已成老生常談的一個前提是中國的勞動力優勢。但人們過多關注傳統上聚集在製造業生產線上的勞工，而忽略了中國具有大量低成本的研發人員，這使得中國企業在許多應用研發領域有了突破的機會。二〇〇五年以來每年四百多萬的大學畢業生，雖然帶來了就業壓力，但這對於低成本研發的推動是很大的幫助。

第二個非常關鍵的優勢是過去五十年基礎研究的積累。建國後被封鎖的三十年內，為了自身工業，特別是國防工業的需要，中國實際上形成了相對完整的工業體系和自成體系的國防科研系統，在實際上培養了一批相當好的科研人員，而且很多技術都有了一定的積澱。在技術創新當中，特別是在引進、消化、吸收西方技術的過程當中，很重要的概念是吸收的能力，原來的基礎如何，決定了消化、吸收的水平和速度有多快。這是中國過去留下來的優勢。最近的載人火箭和探月計畫的成功，再一次顯示了中國在基礎科研方面的積累和實力。

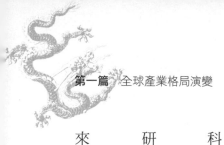

中國在研發方面有些突破的企業，往往技術源頭都稀奇古怪，不知道某個地方某個研究所的某個人，花了二十年研究出什麼東西，跟市場一結合，就變成了很好的應用。

第三，中國大量的海外留學工作人員，是非常重要的人才儲備。從一九七八年以來，有近百萬人出國留學。大部分人獲得了碩士、博士學位，並積累了很好的工作經驗。其中二十五%左右已經回國，對中國高科技企業的發展做出了重要的貢獻，如中星微、無錫尚德、展訊通信等。

中國具有很好價值的研發基礎，大量廉價的研發技術人才，現在又跟站在科研最前沿以及管理能力比較強大的「海歸」力量結合起來，這一獨特的組合正在釋放出巨大的能量，奠定了下一階段中國企業技術突破的基礎。

第四，中國市場不但高速增長，而且有很多特殊性，某種意義上，構成了中國企業發展的天然港灣。

比如聯想最初能夠起來，就是因為有漢卡，為什麼有漢卡？因為漢字的輸入系統跟英文完全不一樣。中國市場的特殊性，讓中國企業可以先有根據地，把東西做出來，再慢慢向外滲透。這些天然的根據地對於弱小的中國企業在早期的發展至關重要。而有中國特色的巨大本土市場，又為中國企業的差異化競爭提供了可能。

中國一方面低端市場巨大，使企業有可能形成規模效益，同時市場跨度又很大，幾乎從最低端到最高端都有，這樣又逼著企業鍛鍊出很多新的能力，像多樣化產品的供應能力、複雜的渠道管理能力，等等。因此，在殘酷的市場競爭中生存下來的中國企業具備了強大的攻擊力。

從金字塔底端開始

從世界範圍看，中國的大眾消費者都可以視為金字塔底端的人群，他們構成的市場，是中國企業在成長初期積累能量的場所。

在這個底層市場中，支付能力有限的消費者最關注的就是價格，產品的性能和質量並非勝出競爭的最重要因素。這是跨國公司完全不熟悉的市場，它們無法習慣在這樣的氛圍內生存；中國企業卻如魚得水，它們與這個人群的基因相同，知道需求在哪裡。

這個市場一定會發生價格戰。殘酷的價格戰迫使中國企業把有限的資源優勢發揮到極致，把成本做到了別人想像不到的程度。這個市場則為價格戰中活下來的企業提供了足夠大的規模——這個規模令人吃驚，格蘭仕生產微波爐，上來就是一百萬台、五百萬台、八百萬台、一千兩百萬台，完全是幾何級數增長的規模。規模效應帶來的是成本的快速大幅度下降，競爭對手往往一下子就被打亂了，因為雙方的規模往往完全不在一個量級上。

在價格戰中成長起來的中國企業其生存能力一定是最強的，它們可以把底層市場做得無比紮實，把性價比做到最優，然後再向產業鏈中附加值更高的環節突破，通過一個個細分市場進入中端。

面對中國企業的進攻，跨國公司一般選擇往高端退，但越往高端規模越小。跨國公司面臨的困境是：除非創新的速度可以超過中國企業學習的速度，否則很可能是死路一條——中國企業在下面把規模做大後，完全有能力從容地一個一個佔領更高的細分市場。

向世界學習

全球化為後來者打開了知識的大門：新工人除了利用他們自己的頭腦和體力，還可以利用世界所積聚的知識和技術，而且後者的利用比例在不斷提高。

隨著世界上的知識越來越系統化，並從矽谷人士等特殊群體的頭腦中轉移到電子圖書館或者網際網路上，以低成本將新概念和新技術結合的可能性註定會增加。在這種系統化的知識中，有部分是擁有知識產權的，但正如湯瑪斯・弗里德曼指出的那樣，大部分知識將可以為世界上任何地方的任何人所用。

正是這個獲取和吸收新技術的新機會，使中國產業的生產力自一九九五年以來一直以每年約十七%的速度增長（不包括由國家直接提供的公共服務）。眾多新興的中國企業是發展的先頭部隊，它們表現出了驚人的學習能力，通過多種渠道向世界學習——搜索網際網路，觀察跨國公司在中國的經營，聘請外國專家、供應商或專業服務公司為它們在中國工作，與外國公司結盟或收購外國公司，以及建立海外研發和設計中心。

模組化、水平分工造就世界工廠

隨著外包業務看似無情的擴張以及產業價值鏈被分拆成「即插即用」的模組，新來者打入全球市場的機會將增加。這是因為，這些本為了節約成本和讓更多企業專業化的發展，也讓新進入者參與到全球聯賽中來。這些新進入者們尚未獲得提供一套完整解決方案的必要技能，而只是把精力集中在這些模組化行為中的一種上。

這種趨勢對中國企業最大的意義是降低了技術壁壘。例如在手機行業，中國企業之所以能在二〇〇三年有很大的突破，很重要的原因就是產業鏈當中原本被整合在諾基亞、摩托羅拉這些大企業中的設計環節被剝離出來，產業鏈當中突然多出獨立的設計公司這一環節，得以使中國企業克服技術壁壘，進入全球市場。

這個因素現在越來越明顯，像汽車行業，奇瑞之所以能夠快速地推出這麼多產品，很重要的原因就是跟義大利的設計公司、奧地利的發動機公司有很好的合作，實際上在全球整合資源，借助外腦的力量，在產品層面上進行創新和整合。這是很大的機會，而且跨國公司在過去二十年，反復強調的是聚焦、外包，換句話說，它們把產業鏈中越來越多的環節讓了出來，中國企業正好可以把很多這樣的產業環節接下來，這是很大的產業演變的趨勢。

中國企業進入世界競爭的壁壘由此大大降低。由於水平分工，中國企業現在可以只從組裝和製造這個環節切入，而當年日本企業的崛起是靠把汽車和電子兩個行業全部吃下來才進入了世界之林，那需要產業政策的極大傾斜。韓國則是拿全國的力量集中去拚幾個產業，才形成了一些突破。但是中國因為完全適應了全球化的浪潮，由於模組化，由於水平分工，我們相對輕鬆地把別人組裝和製造的環節拿到手上了。

只有當中國企業開始崛起的時候，西方才有可能把製造環節都剝離出來，迅速地移到中國，使中國從一個低端的製造業中心變成所有製造業的中心。中國製造的崛起與世界的扁平互為因果，這就是為什麼「世界工廠」的稱號，既非日本亦非韓國，卻獨獨為中國所得。

全球兩極分化

一位社會學家做過分析，全球化時代其實沒有第一、第二、第三世界的區別，每個國家都是全球化的一部分，任何一個國家、企業或個人，或者參與和分享全球化的果實，或者根本就不能進去，淪為底層，世界將兩極分化。

近年來，在西方社會一個重要而顯著的現像是中產階級在萎縮。一個重要的原因是全球化使中國和印度的數億人口進入了製造業，歐美、日本這些發達國家的低端工作，原則上都將轉移到成本更低的中國和印度，西方國家中不能提供差異化勞動的人群，他們整體的工資水平一定下降，中產階級的一部分向下滑落成為必然。

在中國國內也是一樣，能夠參與全球化、分享這個盛宴的人變得越來越富有，甚至是國際級的富有，但那些非技術工人的相對收入並沒有提高。可以看到中國和世界都在兩極分化，而且在互相影響，這就形成了一個很有意思的宏觀格局——某種意義上，只有當中國和印度的勞動力基本上被世界市場吸收完之後，中印的整體工資水平才能夠往上拉，美國、歐洲如果轉型成功，也才可以重新把本國的低端人群納入一個新的全球產業分配格局下，那個時候可能全球的人均ＧＤＰ將到達一個更高的層面。這就是文明的進步。

但在那一天到來之前，全球消費市場將受到兩極分化的衝擊，產品的性價比均衡將向下調整，而中國市場將更為重要，國內市場和國際市場的邊界將更為模糊，中國企業與跨國公司的全球競爭將在本土和海外同時進行，對於具有成本優勢的中國企業而言，這並非壞消息。

價格戰將持續

許多人認為中國企業家不理性，為什麼總要打價格戰，為什麼不去做技術……現在看來，在全球化背景下，價格戰可能是常態的競爭格局。

人與資本的供給都變得無限大，在人與資本都沒有壁壘時，很多新的產業技術能夠維持壟斷利潤就只有短暫的剎那，產品生命週期變得非常短，任何一個技術只要能夠模組化複製，基於這項技術的產品立刻會變成同質化的競爭，利潤立刻就會降到非常低的狀況。

經濟學家約瑟夫・熊彼特早在一九四二年就指出，增長的過程是「從內部持續革新經濟結構，舊的技術不斷被破壞，新技術不斷產生，這一創造性破壞的過程就是資本主義（在此理解為市場經濟）的精髓」。

當中國企業參與到全球競爭後，「創造性破壞」的過程在加速。任何一項新技術，只要模組化、標準化，中國企業就能很快掌握，而一家中國企業學會了，全中國的企業很快就會學會，然後會有新的價格戰。沒有人能想到產品可以便宜到這種程度，存活下來的企業有點像超人，肯定比任何一個跨國公司都要強，然後再回過頭來挑戰跨國公司，這是非常新的生態圈。比如，在通信技術領域，任何一個技術，只要華為做出來了，跨國公司就大幅度降價，否則它們將失去市場。

「更平的世界」為中國公司打開了門，利用它們最基本的成本優勢，以新的方式來與老牌公司競爭。當它們這樣做的時候，來自低成本國家的競爭者與高成本地區對應者之間的差別將進一步扁平化，推動全球競爭進入更有效的全球資源配置和經濟價值創造。

用成本創新顛覆全球競爭格局

全中國的企業都在拚成本。如果說，中國企業最初的成本優勢來自於天然的成本優勢——廉價勞動力和規模效應，以及市場不完善時人為壓低和扭曲的資源低價，那麼目前，許多中國企業已經開始確立創新帶來的成本優勢，即「成本創新」。以低成本的方式進行技術創新，以技術創新的方式降低成本，這將成為未來全球競爭的核心。

雖然自主創新已是中國的國家戰略，但目前中國企業離原創基礎技術的研發還有相當的距離。中國的自主創新，更現實的路徑是通過應用型技術的創新實現性價比飛躍。

為了獲得更高的投資回報，國際市場上的老牌玩家們只在那些願意為高價付費的部分市場推出新技術，然後逐漸把這種技術轉移到價格較低的規模市場上。但全球化給新興中國企業帶來了巨大機會，它們可以運用高科技來削減成本，並大大提高大眾市場現在希望購買的各種產品的經濟價值，它們的成本創新截斷了老牌玩家獲取超額利潤的能力，加速把高科技引入大眾市場。

最主要的競爭，在中國市場上看得很清楚：中國企業不斷從低端往高端走，跨國公司不斷從高端向下面滲透，它們將在中端市場短兵相接，決定成敗的因素將是性價比。成本創新將顛覆全球競爭格局。我們從接下來的許多案例中看到了曙光，也看到越來越多的中國企業正在沿著這一軌跡前進。在它們之中，將出現多家世界級企業。

下一個十年之後，也許「中國創造」就會出現，但這已不在本書討論的範圍之內。

龍行天下

第一篇 全球產業格局演變

第二篇

中國製造的秘密

——窮人的創新

每一條成文規範當中，都熔鑄著由利益驅動的自發努力、創新嘗試，以及那些「傢伙們」出了格的想像力和看似瘋狂的行為。

——周其仁，一九九七年

幾何學創始人阿基米德曾言，給我一個支點，我可以撬起整個地球。一九七八年時，沒有人可以預見，貧窮而封閉、農業占國民經濟比重達七十%、技術落後西方國家一百年的中國，在三十年後，會因其強大的工業製造能力而使曾遙遙領先的西方國家深懷警惕。從打火機、玩具、服裝、傢俱到電池、洗衣機、集裝箱、數據交換機，數以億計的「中國製造」每天運往全球各地，而它們的本土生產商正以前所未有的速度逼近並力圖超越各個領域內的全球巨頭們，他們已成為這個時代最富進取心的一個群體，而他們的野心從未如此富有現實感。

飽受壓力的西方競爭者們批評，「中國製造的價格不符合經濟規律」。這樣的指責或許並非全然強詞奪理，它提出了大部分人的疑惑——中國製造如何將成本控制在「不合理」的低處？

愈來愈多的西方政客、學者、企業主和公眾傾向於將之歸因為中國不合理的經濟制度——被大大低估的人民幣匯率、不公平的政府補貼、血汗工廠和不加限制的污染排放等等——並要求本國政府限制對中國貿易。

這些因素當然都有影響，但是指責者並未發現中國製造的真正秘密。中國的阿基米德式支點是人的創造力。十幾億渴望擺脫貧窮和落後的中國人，在不斷解除束縛的過程中，進行著由利益驅動的自發努力，以西方人難以想像的方式嘗試創新。「這些傢伙們」出了格的想像力和看似瘋狂的行為，使他們一再突破西方領先者們所固守的可能性邊界，在全球化帶來的成本革命的過程中，將低成本優勢和規模優勢發揮到極致，使一個又一個手工作坊蛻變成國際水平的現代化工廠，實現了規模浩大的追趕和超越。

沒多少錢，還得活命，還得朝前走，這就是中國的企業家當初面對的現實——螺螄殼裡做道場是他們的宿命。窮人的創新，因此成為他們救命的稻草和未來的階梯。

可以看到，每一個獲得巨大成就的中國企業，其背後都有一個或一群具有異乎尋常的進取心、學習能力和想像力的靈魂人物，在他們的帶領之下，在幾乎空白的基礎上被逼出來的整合創新、流程創新、顛覆性創新等成本創新戰略顯示出了強大的生命力。他們的共性就是能夠把中國的比較優勢（最核心的就是低成本勞動力）創造性地轉化為自身的競爭優勢。他們為中國製造贏得未來的全球對決奠定了難得的基礎。正是這樣的人群、這樣的創造力，構成了中國競爭力的內核。

這一篇，講述的正是這些先行者的故事和他們的創新戰略。

第四章　整合創新

你離用戶的心越近，你離競爭對手的距離越遠。

——張瑞敏

海爾：贏在縫隙間

從洗地瓜的洗衣機到不用洗衣粉的洗衣機，再到酒櫃、書桌式電冰箱……海爾一次次複製洗衣機模式，針對一個又一個細分市場的獨特需求，整合全球資源，最終形成了強大的實力。

海爾本不是做洗衣機起家，它的技術基礎僅僅來自一九九五年兼併的紅星電器廠與廣東順德洗衣機廠，當時市場競爭已經很激烈。

從一個並不高的起點出發，海爾通過集成過去的創新能力，整合全球的設計和研發，最終形成顛覆性創新的實力。雖然在海爾集團的其他產品上同樣可以看到這種成長過程，但在洗衣機上，這個成長路線更加明顯而清晰。洗衣機的發展路徑凸顯了海爾的成功模式。

用戶需求最重要

海爾模式的源頭，可以追溯到洗地瓜的洗衣機。

海爾掌門人張瑞敏對於市場有著深刻的洞察。他認為，任何一個市場總有發展機會。只要能做到兩點，海爾洗衣機不但不會不好賣，而且還會脫銷。第一，如果消費者買洗衣機，每一台都買海爾，這就是品牌效應；第二，海爾能夠創造出新的需求，大家都需要，而過去沒有產品滿足，這就可能創造出市場需求。

張瑞敏去四川考察，發現當地洗衣機的返修率特別高，查了問題就發現排水管老是堵塞，問什麼原因，說當地農民用它來洗地瓜。張瑞敏說我們為什麼不做一個專門洗地瓜的洗衣機？這款洗衣機沒有別的改動，只是加大了出水管，便於排沙，在當地非常受歡迎。後來這個思路延伸到其他地區，做出洗酥油的洗衣機、洗龍蝦的洗衣機；在中東，海爾根據當地居民的消費習慣，做出專門洗大袍子的洗衣機。

這只是最簡單的創新，或者說是概念性的突破。海爾在洗衣機上的第一次整體成功，是來自「小小神童」，那是海爾在銷售淡季創造出來的市場。

一九九五年，已經被海爾兼併的紅星電器廠開始研發第一代小小神童洗衣機。當時，洗衣機行業都知道夏天是洗衣機銷售的淡季，卻從未有人去琢磨這裡面的原因。海爾接手紅星後，第一件事情就是調查，為什麼到夏天的時候消費者不用洗衣機？

結果很快出來了。九〇年代中期，市場上最小的洗衣機是三．八公斤的雙筒洗衣機，又大又笨。海爾在調查中聽到一個故事：上海電影學院一位教授的女兒，給父親買了一台小天鵝的洗衣機，但老兩口卻抬不動。這樣的大型洗衣機在夏天尤其顯得不合用，因為洗衣服頻率高，耗水耗電耗時間。

如果能夠開發出一款不耗水也不耗電、洗衣時間很短、同時很輕便的洗衣機，消費者會不會改變？海爾深入調查了城市中洗衣機的主要使用者，最後得出結論：大家夏天都不用洗衣機，是因為夏天的衣服少。如果海爾開發出小洗衣機，夏天可以把三口人一天的衣服洗一遍，在冬天則可以洗內衣，或者專門給孩子洗衣服。從這三個市場需求入手，海爾整合現有資源，封閉開發，幾個月後，一九九六年，代表一種新需求的小小神童洗衣機問世。

現在，海爾小小神童已經發展到第十八代，累計銷量超過五百萬台。韓國三星、日本東芝和松下、歐洲伊萊克斯、中國的小天鵝等企業隨後都提出了小洗衣機的概念。

自此之後，用戶需求第一，成為海爾的一條準則。

整合帶來創新

從洗地瓜的洗衣機、雙動力的洗衣機，到不用洗衣粉的洗衣機、能讓衣服跳舞的洗衣機……從最初的概念式的突破，一步步走到應用技術上的突破，基礎技術的突破，海爾的整合創新本身也不斷創新、升級。

從洗衣機的發展來看，全球的主流有三類：一種是美國在一九一一年發明的攪拌式洗衣機，第二種是歐洲在一九二八年發明的波輪式洗衣機，第三種是日本在一九五八年發明的滾筒式洗衣機。但在具體使用中，每種類型都各有各的問題：比如攪拌式洗衣機體積很大，往裡面放衣服必須要注意攪拌棒的位置，尤其是洗毛毯的時候；波輪式洗衣機開蓋很方便，但洗完了衣服全纏在一塊；滾筒式洗衣機，洗衣時間特別長，側開門亦不方便。

能否揚三者之長，避三者之短？一九九六年，海爾做了一次比較大的調查，來分析其中的潛在需求。能不能研製一款全新的產品，既如滾筒洗衣機般磨損小，又如攪拌洗衣機一樣洗得均勻，而且像波輪洗衣機一樣速度快又洗得乾淨？想到這個的並不只是海爾，美國、歐洲人以及所有業界的人一直在研究，但一直苦於無法突破。

二〇〇〇年，海爾洗衣機本部的工程師呂佩師偶然在飛機上看到了一份雜誌，上面介紹歐洲的一種吸塵器，通過兩個動力的切換，可以避免重的東西吸不起來的問題。彷佛暗夜亮起一盞燈，呂佩師由此提出雙動力洗衣機的概念，在波輪轉動的同時，滾筒也轉。

海爾隨即成立一個四人團隊，試製出新產品，結果發現這種機器產生的水流與傳統產品完全不一樣，而其達到的洗衣效果，也基本能解決此前遇到的問題。

於是，經過一番論證，從二〇〇〇年底開始，歷時近一年，海爾確定了方案細節，進入生產。這一年多的過程並不輕鬆。相比雙動力思路的提出，其動力源的實現更難解決。普通洗衣機是一個電機作用在波輪上，現在還要增加一個電機作用到滾筒上。最後的解決思路是，通過一個減速離合器，輸出一個力，通過一個電機輸出兩個作用力。輸出兩個力是通過齒輪嚙合實現的，因此對齒輪的硬度要求非常高。而齒輪嚙合帶來的問題是雜訊過大，於是就加個油的密封。隨之而來則是油的密封問題。所有這些，由於國內基礎生產水平不夠，海爾都要依靠海外的供應商來提供配件。

這一方案的技術難點是能產生「雙動力」的電機，當時國內無法解決此難題。海爾通過專利檢索，發現韓國一家公司曾生產過類似電機。於是，海爾委託這家公司開發電機。同時，海爾緊鑼密鼓地著手撰寫專利檔，使得韓國公司開發的電機等均在海爾的專利保護範圍之內。電機問題迎刃而解，「雙動力」洗衣機順利面世。海爾雙動力受十七項專利的保護。

二〇〇二年三月，海爾雙動力洗衣機在青島市首先嘗試，用戶看完之後，覺得非常好。到三月二十四日，在廣州、北京、上海同步上市，效果非常好，用戶增長非常快。隨後兩年內，海爾「雙動力」進行了几次升級，從普通雙動力、保健雙動力、不用洗衣粉的環保雙動力、擁有八項領先技術的變頻Ａ８雙動力到現在最新推出的能讓衣服跳舞的仿生雙動力。仿生雙動力創新採用仿生學的震動原理，創造一種全新的洗滌方式，洗滌時，可使衣物始終處於蓬鬆狀態，上下舞動，不僅很好地避免了衣物的纏繞，且磨損率僅為普通洗衣機的三分之一，洗淨比比普通洗衣機還高五十％。同時，採用了國際領先的ＰＴＣ蒸氣烘乾技術，實現了洗滌、脫水、烘乾一次性完成。二〇〇五年，雙動力全球的銷量突破一百萬台。二〇〇五年六月，全國家用電器標準化技術委員會正式向外界宣佈，海爾「雙動力」被納入二〇〇六年國際電工委員會（ＩＥＣ）國際標準提案。

在雙動力的同時，海爾還推出一些簡單的整合創新，比如衣乾即停的洗衣機。海爾的工程師介紹說，那種帶烘乾功能的洗衣機，在不同地區很難決定什麼時候停下來。而海爾就根據機器桶內的濕度，加入一個感應器，達到一定刻度就停止運作。這樣很好地保護了衣服，也節省了能源消耗。而這種感應器，不但成本低廉，在市場上也很好買到。海爾只是在產品上整合了這個思路。

在研究雙動力的同時，海爾洗衣機也在沿著一條路線前進：用戶買洗衣機不是要洗衣機，是要乾淨的衣服，怎樣讓用戶少用電、少用洗衣粉？相比不用電，不用洗衣粉更好實現。

此時，包括海爾和歐洲、日本企業在內，都想到研發不用洗衣粉的洗衣機。海爾已經研究了多年，包括超聲波、臭氧還有負離子，做了很多次實驗，但都以失敗結束。日本企業推出的產品也是很快消失。

「之前的研究，大多局限於為了研究洗衣機而研究洗衣機，比如研究怎麼讓衣服不纏繞，研究怎麼用洗衣粉把衣服洗乾淨，」海爾洗衣機本部的曹春華部長解釋說。這也是大家一直無法突破的原因。後來，海爾想到先分析洗衣粉能夠把衣服洗乾淨的原理。

海爾請來專家，查閱圖書，購買資料，發現洗衣粉洗乾淨衣服是兩步：

第一，洗衣粉必須是弱鹼性的。因為人的皮膚為了防止細菌生存和入侵，都要保持酸性。而為了洗衣服，洗衣粉必須是鹼性的。

第二，洗衣粉必須能夠產生泡沫，才能把溶解下來的污垢結合起來，沖洗掉。

沿著這個思路，海爾開始整合現有資源。首先，在國際市場上已經有飲水機可以產生鹼性水，把這種原理利用起來，海爾請來美國、歐洲和日本的專家一起研究怎麼把它運用到洗衣機上。

電解模組早就存在，但是把電解用在洗衣機上則要做很大改變，因為洗衣機的電解和一般的電解是不一樣的，它是電解分離出鹼性離子。為了做這個電解模組，海爾做了很多試驗，最終的成品完全是自主知識產權，包含三十五個專利，其中發明專利是十七個。這個模組在功能上也得到提升。它實際上包含了二十六個軟硬體，而一個洗衣機一共也就一百個零件左右。

然後是怎樣產生泡沫。海爾把中科院以及洗衣機國家質量檢測中心的一些專家請來，也與美容方面、化妝方面的一些專家進行交流，同時，把中國四十二個地方的水都調到青島來化驗，把世界各地的水都調到中國來化驗，經過成千上萬次的實驗，終於得到了理想的結果。

二〇〇三年九月，海爾向全球用戶推出不用洗衣粉的洗衣機。從設想到實現，海爾用了大約五年時間。從「洗地瓜的洗衣機」靈機一動的點子式突破，到不用洗衣粉的洗衣機所實現的顛覆性突破，海爾用了不到十年時間。

模組化海爾

海爾洗衣機本部有一個理念：海爾洗衣機專為您設計。設計什麼呢？就是設計需求（現有的和潛在的需求），結束抱怨。在這種理念下，海爾不斷挖掘可能連用戶都沒有想到的需求。

這種圍繞需求做文章的思路來源，同時來自海爾對不發達地區和發達市場的把握。

海爾總結並發揮了兩個優勢：反應速度快和產品創新。

一是快。需求發現之後，誰對顧客的要求回應得更快一點，市場機會就會更多一些。在國內的市場上，海爾經常根據用戶的需求回饋，或者主動捕捉一些用戶的需求點，快速地開發出產品，投入市場。像洗地瓜、洗龍蝦等個性化的產品，均是這種思路。

在海爾內部，收集資訊的管道多種多樣，顧客的回饋能夠直接到達研發人員手裡——海爾有999客服電話，經常跟消費者開座談會，聘請專業公司做市場調研，開發人員也深入市場。

售後服務的回饋資訊有的到技術部，有的到維修中心。如果不能解決就及時回饋，海爾專門有企劃部門會整理這些回饋給研發部門。還有人專門負責分析用戶來信。同時，每當員工出差到外地或國外，總會習慣性地去賣場看看海爾的產品，並與其他產品做比較。這些資訊海量地集中起來，然後進行分析，發現用戶的不滿意點和新的需求，這就是未來產品發展的方向。

在國外，當地公司在反應速度上相對較慢。海爾沒有複雜的內部運作流程，一個產品從概念形成，到決策、開發，再到推廣上市，對海爾來講，這個過程相對比較快。海爾的做法與跨國公司略有不同，客戶有什麼要求，海爾可以先把產品做出來，再去談價格；跨國公司一般要先談好價格，再去做。

二是創新，主要是在產品應用層面。海爾選擇的是在當地市場不會和本土品牌引起正面衝突的一些新產品，或當地很少甚至沒有的產品。對於這些產品，當地用戶也有需求。而且，對於這種新型產品，海爾在品牌上的劣勢會低一些，因為用戶在這種不存在比較的產品上，更易於接受新品牌。

海爾有一套嚴格的研發流程保證產品能夠順利進入市場並取得一定的銷量。以洗衣機為例，洗衣機本部的所有技術的積累都形成模組的形式。以模組經理為產品起點，海爾內部分成模組經理、型號經理和產品經理。

一九九八年，海爾開始實行模組化。

在研發中心，專門有一個模組庫，把一些可以做成標準化的部件整合起來，形成模組。然後由專門的模組經理負責，不僅把新的技術放進去，而且要不斷更新舊的模組。這樣，以後的產品研發開始前，首先要看一看模組庫裡有沒有可用的現成產品，如果沒有專利障礙的話，就可以節省一些步驟，直接進入改進階段。

二〇〇〇年，海爾開始加快對模組化的推進速度，使模組全部都建在一個平台上，全球的海爾工程師都可以來查找。以洗衣機本部為例，目前在國內，洗衣機的大的模組大約有一百多種，包括電控模組、機械控制模組、內外控結合模組等等。

按照海爾內部市場鏈的順序，與模組經理聯繫的是型號經理，負責整個產品從研發到推入市場的整個過程，然後由產品經理負責市場的銷售推進。

模組經理的業績完全和市場掛鉤。模組經理創造的模組，面臨的首要問題是型號經理願意不願意要（內部的購買），如果沒人要，模組經理的研發投入就要計入個人虧損。這是一個市場化的關係。型號經理根據設計的產品，加上之前的市場調研，依照可能達到的銷量來進行生產——賺了是自己的業績，虧了就要計入個人的虧損之中。這樣，型號經理、模組經理就必須努力創造更好的性價比產品。

型號經理為了完成目標產品，可以選擇在公司內部成立ＭＭＣ（小型公司），以團隊的形式進行，比如雙動力的實現就是一個團隊來完成的。團隊開始之前要明確每一個人的資格和責任，完成工作要獎勵，完不成要懲罰。這樣在ＭＭＣ和集團之間形成了一個保護層。在團隊中解決問題是個人和團隊的問題，而團隊和集團之間則解決產品最終能否實現的問題。有時候，為了解決涉及到許多環節的瓶頸問題，還會成立專門的團隊，抽調不同部門的人，對資源進行整合。

海爾實行模組化帶來的另一個顯著好處是：降低生產成本。洗衣機的花色品種非常多，多樣化帶來的直接結果就是成本不好控制，不僅包括材料成本、製作成本，還有產品的效率，產品多了，帶來的問題也多。模組化恰好是一個良好的解決方案。在海爾實行模組化之前，海爾洗衣機本部的零部件種類大約在兩萬四千～兩萬六千件之間，在實行模組化之後，二〇〇六年，海爾估計需要的零部件種類可以控制在三千～五千之間。

模組化程度高了，採用起來就有成本優勢。集團把模組整合好，進行全球化的採購，成本上可以低一點。而且，零部件模組化以後，因為有專門的人負責更新和測試，其可靠性也會加強。把可靠的模組整合到一起，整機的質量也相應有所提升。

這種綜合的能力使得海爾在洗衣機產品上的競爭優勢加大了。海爾小小神童洗衣機推出後，競爭對手花了很長的時間才做出來，而海爾已經賣了五六百萬台。雙動力洗衣機上市三年多，仍然沒人能夠做出來，一方面是專利保護，另一方面是雙動力控制模組很難實現。

海爾已經把雙動力變成高端洗衣機的基礎配置模組，在高端產品裡普及，形成更強的市場競爭能力。而且，雙動力在三年裡已經做了九次升級，從普通的到變頻的，到可以洗羊絨、洗毛毯的，「需要什麼功能，只需要在這個基礎配置模組上添加就行了。」

海爾洗衣機的業績是對這種創新能力最好的反映。一九九五年，海爾洗衣機銷售額大約是三億多元人民幣，到二〇〇六年，這個數字超過六十億。

複製洗衣機模式

在其他產品上，海爾也是運用這種方法，進入國際市場亦復如此。

酒櫃，在美國是一個很小的細分市場，純粹是縫隙市場，只是給葡萄酒愛好者提供的產品。產量很少，主要是對葡萄酒的溫度要求很高的用戶使用，產品粗糙，設計很不時髦，價格也很貴。

海爾發現這個產品完全可以變成大眾化的產品，於是利用自己對冰箱的理解和製造的設計能力，很快設計出一款放在客廳裡，很時髦、很漂亮的酒櫃，價格只有別人的一半，並跟沃爾瑪合作，開始在全美國大量地銷售，賣得非常好。一下子這個產品在美國火了，達到八十%、九十%的市場份額，維持了一兩年，直到後來美國的企業開始拷貝，這個市場份額才跌到五十%多。

這是典型的把縫隙市場做大做成相對來說主流的細分市場。海爾之所以能做到，是因為有冰箱大規模製造的能力作為鋪墊，沒有額外的成本。設計生產這樣的產品，對海爾來說是邊際成本，但對原來的縫隙企業來說就是全部的成本。

海爾進入美國市場，基本上全採用這種方式，小冰箱、透明酒櫃，葡萄酒的儲存，專門針對美國的學生宿舍開發的帶折疊桌面的書桌式的電冰箱（電冰箱的桌面折疊過來就是一個書桌，特別適合相對來說面積比較小的美國宿舍），全是做這種縫隙市場，因為這種細分市場是最容易發現用戶需求的地方。

它的理論就是進入國外市場，通過縫隙，像劈柴一樣，這邊劈道縫，那邊劈道縫，等到縫多了，木柴就全裂開了。這是海爾海外擴張中，從縫隙市場進入到主流市場的思路。

1. 堅定地站在用戶的一邊，設計需求甚至是創造需求。
2. 非技術性的創新系統化非常關鍵，創新不能僅僅停留在點子上，它要有可持續性，要有組織、文化、體系及能力等方面的全面支持。
3. 捕捉本地的機會，在全球整合資源。

海爾把這三點糅合在一起，這種模式叫做整合創新。在一個充分競爭，而且大家都認為沒有任何空隙的市場裡，海爾創造了非常令人吃驚的業績，這個業績的支撐點就是整合創新——技術每一樣都是現成的東西，每一樣東西都不是海爾獨創的，但把它們聯合在一起的方法是它獨創的。

整合創新的戰略非常適合中國企業未來十年快速提升競爭力，全面參與並逐步主導全球產業格局的演變。由於綜合國力、教育科研的基礎體系等因素的制約，中國企業要在原創、高端、前沿的技術領域突破，暫時還有相當困難。中國企業未來十年的主要目標還不是發展成以美國為代表的研發型的大投入、大產出的企業，像微軟、思科那樣。

中國企業未來十年最大的發展機會在於運用整合創新的戰略橫掃歐洲、日本的細分市場裡的隱形冠軍。這些隱形冠軍是在過去近百年的工業發展中逐步形成的。它們聚集的行業往往具備以下特點：中等技術難度，相對技術比較密集，應用型研發，中等勞動力（主要是熟練技工）密集，中等資金要求。

過去，這些企業的積累讓它們看起來高不可攀。然而，它們卻是下一階段中國企業整合創新的主要目標。

經過三十年的努力，中國企業在技術、人才、資金、產業理解方面已經到了一個厚積薄發的時候。不管是用逆向工程、核心人才引進，還是自主研發，中國企業都在快速突破這些隱形冠軍的技術壁壘。而一旦突破了技術門檻，我們就可以利用中國市場廉價的研發能力，迅速地把技術改進、提高，同時利用中國的人力成本和大規模製造的優勢，把產品價格大幅度降低。而產品價格大幅度降低往往會吸引新的用戶，把一個小的細分利基市場變成具有相當規模的主流市場，由此進一步發揮中國企業大規模製造的優勢，讓一個個隱形冠軍不得不退出市場競爭。

而這只是第一步。中國企業在中低端做到足夠大的規模之後，可以在相對標準化的平台上，用模組化的方式做大規模訂製，把這些原本隔離的細分市場逐步打通，最後一網打盡。由於大規模訂製可以共用研發平台、技術平台、製造平台和行銷，其成本優勢是原來的隱形冠軍無法想像的。這將在根本上改變全球產業競爭的基礎。這是整合創新戰略和全球產業整合對中國企業的最佳結合點。海爾的劈柴理論說的就是這個道理。第七章介紹的中集也是這個戰略的完美展現。

同時，這樣的戰略可以和併購很好地結合起來。一個典型的案例是萬向集團。它通過整合創新，從萬向節這個產品做起，逐步到整車廠的一級配套，在後期開始利用併購加快發展速度。現在它在美國、歐洲已經收購了二十多家企業，全是小型企業，有品牌、網路、渠道和技術，但都是不怎麼值錢、做不下去的企業，把它們買下來，保留品牌、技術，把製造拿到中國來，就有很快的提升。

而很多隱形冠軍都是第二三代的家族企業，繼續往下發展的動力也不是很強，是很好的並購對象。二〇〇四年，中國企業僅在德國的企業收購就有三百多起，都是小企業，大概是兩三千萬歐元到一兩億歐元之間規模的，買的都是機床、機械等高、精、尖的小產品。機床業類似這種收購相當多，而且消化、吸收得都不錯，這是很實實在在的發展。原則上，在中等技術難度、產業包含眾多細分市場的行業，如精細化工、精密儀器等，整合創新的戰略會相當有效。

但需要強調的是，不能把整合創新戰略僅僅停留在思路和點子上。實際上，整合創新戰略對後台管理要求很高，要看整個體系能否系統化、反復化、規模化。這是整合創新能否落實的關鍵，也是海爾這五年在內部艱苦推進以「市場鏈」為核心的全面管理變革的根本原因。

同時，作為資源依然相對匱乏的新興跨國公司，中國企業必須立足全球整合資源。把全球的資金、技術和人才充分為我所用，而不是僅僅局限於中國。實際上，跨國公司的全球化戰略也轉向了全新的思路，過去它們的思路是「全球化思維，本地化運作」，現在的新思路是「本地化思維，全球化運作」。看起來只是把兩個詞換了位置，但是含義完全不一樣。在全球化的第一個階段，更加強調的是全球標準化，但是在現在全球化更高的階段，在任何本地市場都必須做到最好，思維必須是本土化的。但是本土化是靠真正的全球化的體系、在全球整合資源來實現的，用全球的體系、全球的資源、全球的能力來支援在每一個本土市場都做到跟當地企業一樣。更具體地說，原來跨國公司的思路是把成熟的產品拿到中國來，做一些適於本地的簡單調整，但是現在它們的思路就是針對中國客戶的需求進行研發，但是其研發是建立在全球化一體性的研發中心的基礎之上，這是跨國公司管理中很大的思路轉變。還處於趕超中的中國企業必須在思路上直接進入這一新的階段。

第五章 流程創新

我們打的就是性價比優勢之戰。

——王傳福

比亞迪：將機器變成人

一條生產線就要幾千萬元，一家現金只有三百五十萬、既缺資金亦無技術的企業，如何起步並活下來？

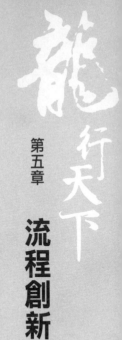

中國電池製造商比亞迪的答案是：自創生產線，將機器還原成中國最不稀缺的要素——人。

比亞迪的車間既不歡迎參觀，更嚴禁拍照，是一個充滿神秘的地方。那裡幾乎沒有一條完整的流水線，每道工序之間都要用塑膠箱來運輸電池胚。

逼出來的創新

一九九五年二月，二十九歲的王傳福靠借來的一筆錢和幾個朋友共同創立比亞迪實業，註冊資本四百五十萬元；除了技術投入，現金約三百五十萬元。

當時，他們手頭的資源是：三年前王傳福被破格委任為中國北京有色金屬研究院總院三〇一室副主任，同期被評為國家級高級工程師、副教授，成為總院最年輕的高級知識份子，並由此獲得一些實際的生產經營方面的經驗——一九九三年，中國北京有色金屬研究院和內蒙古有關方面合資成立了深圳比格電池有限公司，欲利用包頭豐富的稀土資源搞新產品開發。

一九九四年前後，王傳福從一份國際電池行業動態中得知，日本將不再生產鎳鎘電池。他立即意識到這是一個黃金機會，決定馬上生產這種電池。

比亞迪所涉足的二次充電電池（蓄電池）是可攜式電子能源的一種，它又分為鋰離子、鎳鎘、鎳氫和鋰聚合物電池。

從一九九〇年起，充電電池的應用開始變得無所不在，市場也迅速擴大。不過，三洋、東芝等一些日本電池製造商佔據著世界上九十%以上的市場，中國企業很難進入這種技術含量較高的行業。

為了保持在技術上的壟斷，日本人禁止出口充電電池技術及設備，甚至禁止在中國投資建廠。九〇年代中期，中國國內也有不少廠家在做充電電池，不過它們都是買來電芯做組裝，利潤少，幾乎沒有競爭力。

比亞迪成立後，選擇的業務方向是二次充電電池的ＯＥＭ（委託加工）市場，並且專攻鎳鎘電池生產，把產品定為那些用於無線電鑽、電鋸、應急燈等產品的鎳鎘工具電池。這些產品在歐美需求量極大，比亞迪工具電池因性能穩定而在這一區域極為暢銷。這為初創期的比亞迪打下了堅實的基礎。

從生產上來看，蓄電池實際上是一種簡單的組裝產品，從上游原材料供應商手中買來電芯，再購入一些其他的元件，即可組織生產。能否生產電芯實際上是超越這種參與市場競爭方式的關鍵。比亞迪從一開始就把目光投向技術含量最高、利潤也最豐厚的電芯生產。

當時，日系廠商的一條生產線，至少要幾千萬元。這種投資能力是創業初期的比亞迪無法具備的。於是，比亞迪乾脆憑藉自身技術能力，動手設計製作關鍵設備，然後把生產線分解成一個個可以人工完成的工序。

比亞迪第一條生產線日產三四千個鎳鎘電池，只花了一百多萬元人民幣。這種半自動化、半人工化生產線所具備的成本優勢也成為比亞迪日後商戰的法寶。

當時日系廠家生產線全自動化、用機器人，而比亞迪則根據自己樸素的想法改變了這一點。他們發現，人手做大範圍的移動，誤差不是很大，真正的誤差是最後把零配件裝上去的誤差，所以他們在最後的環節設計了很多簡單實用的夾具，不符合它的標準就裝不上去。用比較簡單的人加夾具的過程，模擬出了比較低端的機器人的概念。這樣，相當一部分生產線就變成了手工，而且核心設備也開始逐漸地本地化生產，所以比亞迪最大的優勢是固定資產投入非常低，折舊成本相應也就非常低。它的折舊成本可能只有三%～四%，而三洋等全自動的生產線可能要達到三十%～四十%。十幾塊錢的電池，比亞迪的成本是一美元，別人都是四五美元，帶來非常大的成本優勢。

設備投資的大幅降低使比亞迪一進入這個產業，就以四十%的價格差猛烈衝擊著日產電池的價格體系。比亞迪公司也很快打開低端市場，一九九五年，公司銷售三千萬塊鎳鎘電池。

最重要的是，比亞迪以人力居重的自創生產線具有非常大的靈活性。當推出一個新的產品時，原有的生產線只需做關鍵環節的調整，對員工做相應的技術培訓即可。而競爭對手日系廠商的全自動化生產線，每一條線只能針對一種產品，如果要推出新品，則必須投建新的生產線，投資少則幾千萬，多則幾億。比亞迪在產品種類上又占了先。

王傳福深諳其理，後面的競爭依法炮製，「對設備要求越高、投入越多的產品，我們這種方法就越有優勢。」

比亞迪自主研發生產和測試設備，不但大大降低了對資本金的需求，而且因為中國勞動力便宜，其實施的生產流程重組和創新（一部分工序採用生產線操作，剩下的全部

▌日產十萬只鋰電池的生產線比較

生產線	需用工人	設備投資	分攤成本（人民幣）	原材料成本（人民幣）
比亞迪	2000 名	5000 萬人民幣	1 元左右	基本相同
日系廠	200 名	1 億美元	5 ～ 6 元	基本相同

用手工代替），還充分提升了作為中國企業的低成本競爭能力。用一組資料可以說明比亞迪制勝的關鍵：王傳福的固定投資是日本同類企業的十五分之一到十分之一，而產品的價格，王傳福又能做到比對手低三十%。

流程再造

隨著生產經驗的增加，比亞迪的流程也在不斷優化。

因為比亞迪把電池的製造流程分解為很多細節，每組工人只需要做一步很簡單的工作，也許只是打磨，也許只是把做好的電池放到檢測的機器上，然後再把它拿下來在箱子裡碼放整齊。因此，比亞迪的工人無須經過複雜的培訓，只要能夠掌握一兩個關鍵性的技巧便可上崗。

所以比亞迪幾乎就沒有一條完整的流水線，甚至每道工序之間都要用塑膠箱來運輸電池胚。

除了電池配料以外，幾乎所有的步驟都用相應的模具和卡尺來控制質量規格。最終檢驗電池充放電時間的測試箱，也是比亞迪自行研製的。

王傳福非常強調效率，這種以人工為主的生產方式，其效率的提升主要是依靠班組的監督力量來實現。每個生產工序的前方都是班組辦公的地方，坐在前面的組長可以清楚地看到每個工人的工作狀況。每個班組的辦公桌上都堆滿了報表，每個工序都要按時按量完成任務。

在比亞迪，最出色的並非流程改造，這種改造其實很容易被同行模仿——現在他們的車間即使參觀也不允許拍照，就是因為以前曾發生過參觀者偷走製造工藝的事件。不過，工藝可能被偷走，但很難被照片偷走的則是比亞迪對流程的嚴格的效率控制，以及在流程中自行研製設備的能力，這才是他們真正的出色之處。

比亞迪這種看似簡單的分拆流程其實是非常系統化的，不是說簡單地把生產線拆成人工的東西，這代表著與傳統不同的研發思路。像三洋這些企業，研發的方向是產品，怎麼去改進產品。但跨國公司一般不會去做的另一個方向，則是怎麼用研發來降低成本。用研發的方式降低成本，其實槓桿效應是比較大的，如果純粹靠節約，毛巾裡擰水，把成本擠出來，將越來越困難。

比亞迪在應用研發上下了很大的工夫，幾乎是一個個原材料、一個個零配件去試，在保證質量的前提下，能不能夠盡可能地降低成本，尋找替代的原料，尋找替代的工藝。這點很關鍵。很多人問日本的企業為什麼不能模仿同樣的東西，其實不要說日本企業，深圳有幾百家做電池的，大部分都是比亞迪的人出去做的，到目前為止，也沒有一個人做到比亞迪的成本、質量和效率之間的平衡。這中間有很多管理上的投入、組織上的保證，也有很多經驗的積累，顯然不是那麼輕易能被模仿的。

另外，比亞迪的生產設備幾乎全是公司設計部、工程部和電子公司自己製造的。後來，王傳福在涉足鋰離子電池時，最初就自己搞生產線研發——他求助於幾個研究機械的老同學，結合本地成本優勢，研發出了獨創的鋰離子電池生產線。生產線的自主研發使比亞迪擺脫了國內廠商受制於設備供應的窘境，可以自由提升生產規模，應對大客戶的及時需求。再利用人工成本優勢，採取勞動密集型生產工序，進一步降低生產成本，提高競爭力和盈利能力。比亞迪的這一成本優勢是競爭對手一時間無法企及的。

其競爭對手日本鋰離子電池廠商從一開始就走高成本之路，就會受制於設備，無法採取有效的降低成本的措施。比亞迪的成本較日本廠商低四十％。而國內雖然早有多家廠商進軍鋰離子電池領域，但它們都在走日本人的老路，甚至花數億元將日本老的生產線買下來。而引進技術的結果是受制於人，任何一個零件的替換都需要求助於日本。

王傳福利用這種做法硬是把手機電池生產從資本密集型變為勞動密集型——比亞迪的成本比韓國和日本的競爭者低三十％到四十％，但質量達到同等標準。這是建立在巨大的規模優勢之上的經營能力，非一般人能夠仿效。

低成本帶來規模效應

一九九六年，比亞迪取代三洋成為台灣的無線電話製造商大霸的鎳鎘電池供應商。大霸是美國電信巨頭朗訊的ＯＥＭ，比亞迪因此間接成為朗訊的供應商，拿到了進入日系電池製造商競爭腹地的第一張行業通行證。一九九七年，台灣大霸增加了給比亞迪的訂單，電動工具商正峰、星特浩也成了比亞迪的用戶。

一九九七年，比亞迪開始研發蓄電池市場具有核心技術的產品——鎳氫電池和鋰電池。王傳福投入了大量資金，購買最先進的研發設備，搜索最前沿的人才，建立了中央研究部，負責整個技術的攻關，以及產品性能質量的改進。

大批量生產的鎳氫電池在市場上迅速打響。一九九七年，比亞迪公司鎳氫電池銷售量達到一千九百萬塊，一舉進入世界前七名。

當時的市場也給了比亞迪趕超的機會。金融風暴席捲東南亞，全球電池產品價格下跌幅度在二十%到四十%之間。這雖然對六十%的產品依賴出口的比亞迪形成了很大的發展阻力，但在很多日系廠商盈虧線吃緊的時候，比亞迪的低成本優勢越發顯得游刃有餘。這一年比亞迪的增長高達九十%，王傳福十分得意，「這一現狀實際上給了我們機會，我們打的就是性價比優勢之戰。」

隨後，比亞迪抓住了鋰離子電池發展的潮流，開始研發鋰離子電池。當時買不起設備，比亞迪人就自己製造電池生產設備，在一片中國人不能做鋰離子電池的質疑聲中，一九九八年，比亞迪鋰離子電池開始批量出貨。一九九八年至二〇〇〇年，比亞迪歐洲分公司、香港辦事處、美國分公司先後成立，王傳福殺向了市場競爭的核心腹地。

此時的比亞迪，手中掌握了鎳鎘、鎳氫以及鋰離子電池的生產能力，其高性價比的產品迅速得到市場回應。而且，在一九九八年，比亞迪在無線電話電池領域也取得了突破：研製出獨特設計的增加劑，使性能受氣候影響的電池在高溫條件也能保持穩定性。這一突破使比亞迪取得了大客戶偉易達的信任。

比亞迪的進軍把鋰離子電池的價格從日本人壟斷的八美元一下子拉到二・五美元，以三洋、松下、索尼、東芝為首的日系廠商面對來自中國的這個新興對手，第一次感到真正難以承受。

二〇〇一年，全球市場所有二次充電電池的交易額達到三十九・七億美元，交貨量達二十六・八四億只。在全球二次充電市場，日本生產商份額為七十九％，其中鋰離子電池市場佔有率為全球的六十二％，而在鎳鎘和鎳氫電池市場上，日本三大廠商分別佔據全球份額的八十四%和七十四%。

比亞迪的出現改寫了這種市場格局。

在手機電池行業，為摩托羅拉等手機企業提供配套電池是領先企業必須抓住的市場。這是日系廠商的固有陣地，松下和東芝同是摩托羅拉的全球最大供應商。

為攻下這個前所未有的大客戶，比亞迪成立了一個專門的小組，技術部、品質部等部門協同作戰。比亞迪客戶服務二部經理陳剛當時即是其中的一員。陳剛還清晰地記得，當時鋰電池公司所有的人都在一個大辦公室中，王傳福總是每次加班到最晚的人。為爭取摩托羅拉的訂單，王經常和員工一起準備材料和樣品，測試設備。因為摩托羅拉不僅對配套產品有極高的質量要求，更重視配套廠商有無技術發展潛力。

在專門派人進駐比亞迪進行了長達半年之久的觀察後，二〇〇〇年十一月二日，比亞迪順利通過摩托羅拉審核，並成為摩托羅拉第一個中國鋰離子電池供應商。這標誌著比亞迪進入高端市場。

摩托羅拉在比亞迪確認了二十四種產品，其中五種達到了大批量供貨。在成功爭取了摩托羅拉之後，波導和TCL等國產手機廠商也開始選擇比亞迪電池。在隨後幾年，摩托羅拉全球約三十％至四十％的手機電池業務全部轉交由比亞迪生產。

二〇〇一年下半年，比亞迪獲得愛立信（易利信）的訂單。加上在摩托羅拉之前的飛利浦，比亞迪一躍而成為三洋之後全球第二大電池供應商。日系廠商訂單急劇減少，導致其全自動生產線面臨嚴重的產能不足，除三洋之外日系廠商全面虧損。

而三洋的贏利主要依賴其兩個最大的客戶——諾基亞和百得。但二〇〇二年比亞迪已經開始給諾基亞供貨，這一年，比亞迪銷售收入達到二十五億元，利潤六．五八億元，並喊出口號：「三年之內我們將取代三洋，成為電池產業的全球老大。」

此時，比亞迪可提供一百五十種不同型號的電池，擁有日產三十萬只鋰離子電池和兩百萬隻鎳鎘和鎳氫電池的生產能力。王傳福說：「中國任何一家二次充電電池生產商的產量也不足比亞迪的十％。」

整合創新，走向更高領域

在自己研發設備降低成本的同時，比亞迪在通過工藝、原料和質量控制降低成本方面也投入了大量的精力。

一項重大工藝變化甚至會帶來十倍的成本變化。王傳福舉例指出：生產鎳鎘電池需要大量耐腐蝕的鎳片，而鎳的價格高達十四萬元／噸，而用鍍鎳片就可降至一萬元／噸，但會影響質量。比亞迪研發中心專門改造電池溶液的化學成分，從而使鍍鎳片也不易被腐蝕，僅這一項改進就使鎳原料的月花費從五六百萬元降至幾十萬元。此外，比亞迪電池生產工藝流程在業內據說最為簡短有效，並容易操控。比如正極的製造，比亞迪所擁有的發泡鎳工藝可以實現當天製作，當天投入應用，只相當於國外廠商採取燒結工藝製造正極時間的三分之一到四分之一，極大地提高了生產效率。

原料構成了電池的主要成本，而一般廠家與供應商往往只是買賣關係。為了進一步降低成本，比亞迪與原料供應商形成了極為密切的聯繫，甚至直接介入供應商的材料開發環節，共同制定降低成本的方案。如鎳鎘電池需用大量的負極製造材料，如果選用性能較好的國外材料，成本極高。比亞迪與其在深圳的一家供應商合作測試國外產品，明確了國內外負極材料之間的品質差距，制定了提高國產材料品質的詳細辦法，終於使國產負極材料達到國際質量要求，同時較國外產品成本低四十％。由於負極材料應用極廣，比亞迪僅此一項，一年就可以節省數千萬元。而對比較貴的原材料，比亞迪採取讓其效能充分體現的方式，減少用量，相對降低成本。如正極增加劑一噸費用達二十萬元，比亞迪技術人員利用工藝突破，就提高了十％的工作效能。

比亞迪學會了在技術上不依賴上游供應商，以此來保證對供應商的控制力。比亞迪對客戶的反應速度非常高，競爭對手給摩托羅拉送交樣品需要六個月，比亞迪只要一周。這對於上游交貨時間要求很嚴苛，品質、成本、效率三方面缺一不可。如果上游供應商的發展跟不上比亞迪的速度，它絕對不會停下來等，如果有合算的代替廠商就換人，沒有就乾脆自己來做，因為它完全具備這個技術實力。

品質控制是比亞迪的另一項看家本領。在比亞迪，從事質量控制的員工達五百人之多，從產品開發到設計、生產和銷售、最終服務環節均有嚴格的品質控制標準。這一專職的質量保證隊伍與不同的部門合作，負責制定品質保證模式及品質管理目標、政策和計畫，在整個生產過程中，採用廣泛的測試和監控。

在比亞迪，品質控制很重要的一點是事後的檢測。跨國公司因此受到很大震撼，因為這個思路跟它們完全不一樣，它們想到的質量控制是怎麼樣在研發階段、設計階段到整個流程盡可能精密，降低產品的質量問題。而比亞迪卻是另外一套思路，一方面通過改進，比如夾具、模具，來減少誤差，增加精確度；另一方面是事後百分之百做檢測，完全通過質量檢測的東西就賣，稍微差一點的可能賣到二級市場充當替換電池，再差一點的重新返工。

由於原來的成本優勢足夠大，生產線上直接下線的質量比別人差一些，返工之後總的成本還是有相當的優勢。這是思路上很大的不同。

通過這些，全國只有比亞迪一家的日產能是以百萬只計算，並牢牢掌控著諾基亞、摩托羅拉、博世等超級大客戶，將國內那些日產能在數萬只的對手遠遠甩在了身後。

流程創新戰略的核心是怎樣創造性地利用成熟技術，關鍵是在生產流程方面的創新。

比亞迪是經典案例，最有特點的是在資本不足的劣勢下，利用流程改造，把電池製造這一資本密集的產業變成了勞動密集型產業，最大限度地將技術與中國的比較優勢——勞動力結合，獲得了外國競爭對手難以企及的成本優勢，迅速贏得了市場份額。

第二個優勢是以前大家沒有注意到的，後來發現其實是很有作用的，就是由於比亞迪有一個很靈活的生產流程，可以比較快速地、低成本地做到品種的多樣化。完全標準化的流程，像日系的電池廠，上一個新品種可能需要幾周，但是比亞迪把人調一調，加一兩個小流程，幾天的時間就可能上一個新品種。用比較低的成本，小步多調，滿足客戶個性化的需求，這是後來發現的額外優勢。

半自動、半人工的生產流程實際上在柔性化生產上有巨大的優勢，從而既能滿足客戶個性化的要求，又能做到大規模生產的低成本。手機行業自身非常激烈的競爭要求電池廠家必須做到快速反應、型號多樣、成本低廉，這是比亞迪能在這個產業快速崛起的重要原因。

在與跨國巨頭進行的性價比之戰中，比亞迪大勝——不到十年，這個先天不足的新入行者，成為了全球電池業的老大。

在中國，流程創新在企業中的潛力，常常令跨國公司覺得很不可思議。有一家飲料企業的案例，就令人歎為觀止。眾所周知，往渠道商發貨時，飲料都是裝箱。如何避免所發貨物中出現空箱的疏漏？當一家跨國公司出現這樣的問題，他們馬上從美國請來質量專家研究怎麼處理，最後的解決方案是在流水線邊上裝X光機——因為流水線很快，靠人工檢測是來不及的，只能用X光機去看每個箱子是不是空的；又設了一個機械手，空的箱子用機械手拿掉。但是來看看他們的中國對手是怎麼做的吧：一家中國企業只用了一個土方法，在流水線邊上裝了一個大功率的風扇，不停地吹，空箱子一旦出現就被會吹掉。效果一樣，成本低多少顯而易見。

從長遠來說，通過流水線進行的創新會越來越難，因為中國的人工成本不斷提升，對環保、資源的關注都會對這種模式形成衝擊。但這個時間段可能會持續八年、十年，甚至是更長時間。

這種戰略創新競爭優勢最大的，將是那些生產線可以做到半自動化的機械製造類企業。在越來越多的行業都能看到這種趨勢，比如ＬＥＤ的封裝、風能設備的組裝等。全自動的總體效率難以跟中國的半自動化比拚，即把一條生產線分解成很多環節，核心環節用自動化控制，其他環節由人工完成。這種戰略也是中國裝備工業整體較弱小的現實選擇，但又反過來促進了裝備工業的升級。因為被分解後的生產線往往技術難度要低很多，可以比較快地實現本地化生產。當本地的設備製造廠家能力得到提升後，就能配合客戶的需求，不斷升級換代，最後提供性價比大大優於原來生產線的配套設備。這種螺旋上升的良性循環是中國製造業整體能力不斷提升的典型發展路徑。

第六章

顛覆性創新

十年之後，世界通信行業三分天下，華為將占一分。

——任正非，二十世紀九〇年代初

華為：大賭大贏

「壓強原理」：要集中所有資源形成局部突破，逐漸取得技術的領先和利潤空間的擴大，而技術的領先帶來了機會和利潤，再將積累的利潤投入到升級產品開發和對下一代技術的研究中，如此周而復始，不斷地改進和創新。

一九九〇年，華為開始研製自己的數位交換機的時候，任正非給華為定下了明確目標：發展民族工業，緊跟世界先進技術，立足於自己科研開發，目標是佔領中國市場，開拓海外市場，與國外同行抗衡。

任正非選擇的是一條極其艱辛的道路。作為發展中國家，中國打開國門後，吸引別國眼球的只有市場，作為高科技、高附加值產品市場，中國的通信市場首當其衝受到外資衝擊。在復關的談判桌上，咄咄逼人的對手就是以中國讓出通信市場為條件。競爭對手早就擠在中國市場的大門前伺機而入，作為民營通信企業的華為，想要躋身國際市場的艱難程度可想而知。

回首往事，任正非感慨：「華為成立之初十分幼稚，選擇了通信產品，沒想到一誕生就在自己的家門口遇到了最激烈的國際競爭，競爭對手是擁有數百億美元資產的世界著名公司。」

在壓力面前，任正非帶領華為人發下誓言：「處在民族通信工業生死存亡的關頭，我們要竭盡全力」；「不被那些實力雄厚的公司打倒」；「十年之後，世界通信行業三分天下，華為將占一分。」帶著這樣的信念，華為踏上了一條艱難之路。

執著於核心技術

華為對核心技術不惜一切的追求，第一次體現是萬門交換機的研發。

一九九〇年，華為實現了大突破：銷售額突破一億元，員工超出一百名。任正非決定自己投資研製二〇〇〇門的 C&C08 交換機。

做代理時，任正非將所有收入全部投到小型交換機的開發；交換機剛賺錢，他又把所賺利潤加上大量貸款，全部用於開發程式控制交換機。任正非將全部的利潤投入到交換機的研製中，甚至不惜為此借高利貸。

一九九二年，華為成功開發出自己的程式控制交換機，在市場上頗受歡迎。第二年，華為銷售額從一億增加到四・一億元人民幣。這一年，華為在美國矽谷建立晶片研究所，九月，萬門交換機研製成功。

一九九四年，華為銷售額突破八億元。十一月，萬門交換機在首屆中國國際電信設備展覽會上獲得極大成功。此前，國外的萬門交換機都是通過電纜連接的。電纜的最大弱點是對維護技術要求高，在用戶過於分散的地方鋪設成本過高，不適合遠端市場，而光纖最適合遠端，適應了中國廣大農村地區的需求。經過華為的研發，中國廣大農話市場有了一套完整、實用的解決方案。華為的這套基於 SDH 架構的農話系統一下子打開了中國廣大農村的市場空間。

交換機贏得市場的同時，華為的目光已投向數據通信。

一九九四年底，華為北京研究所開始籌建。次年六月，北京研究所決定做數據通信業務。此前，華為的交換機都是電話交換機，北京研究所成立之後開始進入網路交換機的研究。

華為北京研究所從一九九五年成立到一九九七年前，一直處於漫長的積累期，沒有什麼重大研究成果。但是，任正非一直給予大力支持，每年投入八千萬元乃至上億的資金用於技術開發。堅持終有回報。華為很有賣點的系列產品 C&C08STP、QUIDWAY8010 接入伺服器、QUIDWAY 系列路由器及乙太網交換機、IDSL 終端產品，均出自北京研究所之手，由此建立了一條完整的資料通信產品鏈。

一九九五年，華為銷售額創紀錄地達到十五億元人民幣。一九九六年，華為以超過兩百％的速度發展，銷售額達到二十六億元。一九九七年攀升至四十一億元。

為保證技術的不斷突破，從成立之初，華為就有了把銷售收入的十％用於研發的規定和傳統。《華為基本法》第二十六條明確規定：「我們保證按銷售額的十％撥付研發經費，有必要且可能時還將加大撥付的比例。」曾擔任過華為副總裁一職的李玉琢曾表示，這在當時的國內環境中是無人能及的。

到二〇〇六年底，華為四萬四千名員工中，四十八％的人都會參與研發活動。華為在全球已經建立了十一處研發中心，包括中國六處、美國兩處以及印度、瑞典和俄羅斯各一處。近十年的時間裡，華為對3G的研發投入已經超過五十億元。

對研發投入的同時，華為也非常重視對專利的申請和對知識產權的保護。華為提供的資料顯示，截止到二〇〇六年九月三十日，華為在中國的專利數已經達到一萬四千兩百二十五項，PCT國際專利和國外專利數日達到兩千六百三十五項，已授權專利為兩千五百二十八項。在通信行業非常重要的3GPP基礎專利中，華為的專利占五％，居全球第五。

世界知識產權組織（WIPO）在二〇〇六年四月發佈的年度報告顯示，華為提交的PCT（專利合作條約）國際專利申請為兩百四十九件，甚至超過了思科的兩百一十二件，占到中國PCT國際專利申請量的十%。

苛刻客戶的需求一般都是對軟體和服務的要求。華為對於軟體的研發相當重視。每年，華為投入到軟體上的工作量超過整個研發總部的八十%；研發人員配備也差不多是這樣的比例，華為一萬一千名研發人員中的七十%至八十%是軟體人員。應用層面的開發技術為華為帶來了貼近客戶的優勢。華為投入超過一萬人的研發隊伍、研發經費的七十%，用於基於當前客戶需求的產品研發。華為還堅持積極合作、吸收先進技術和管理實踐的原則，已經與德州儀器（TI）、摩托羅拉、高通、IBM、英飛凌、英代爾、Agere、ADI、Altera、Sun、微軟、Oracle、NEC等世界一流企業廣泛合作。

大賭3G

華為的三分天下以及國際化的實現，主要是依靠其在3G技術上的大量投入以及持續不斷的研發。

華為每年拿出銷售收入的十％用做研發，其中三十％左右的研發資金用於３Ｇ業務的開發，先後耗資超過五十億元人民幣。

華為高級副總裁、基礎研究管理部部長何庭波曾表示，華為３Ｇ研發團隊大都是一九九八年後組織起來的。此前的一九九七年，華為剛剛拿出自己的 GSM 產品，這是一個已經在摩托羅拉等跨國公司手裡發展了十年的技術，華為的差距可想而知。也是從這個時候開始，華為把研發重點放在３Ｇ的 WCDMA 方向上。

「華為３Ｇ是怎麼走過來，華為的無線通信就是怎麼走過來。」華為公司高級副總裁陳朝暉說，回到十年前，華為無線通信才剛剛起步，第一代華為 GSM 直到一九九七年方才投入應用，而彼時，代表２Ｇ的 GSM 已經從老外的實驗室走到市場打拚了十多年。「一九九五年時，GSM 產品老外經過十年磨練，成熟性超過我們很多，這就像一個成年人和一個小孩，接下來小孩的命運，要不夭折要不生存下來，我們依靠 GSM 生存下來了，但很難成長為一個大人。」

在巨頭林立的通信產業，華為只有十七歲。一九八八年從代理產品起家，此後在固網領域切入交換機、傳輸產品，並迅速取得相當份額；而華為的無線產品部門則更為年輕，一九九五年才進入無線領域，一九九七年推出GSM產品，二〇〇〇年底推出CDMA1X，至今不過十年。

華為奮力追趕的結局在全球3G到來之時已經可以明確地看到，「我們只能在新增市場上爭奪一席之地，以前的格局很難改變。」陳說。而此時，無線通信領域的頂級供應商愛立信已經是一個一百二十多年的老店。

對差距的判斷，決定了一場賭局。「2G我們是解決生存，摸準脈，加深自己的基礎能力——這個使命完成了，利用3G來改變我們的格局。」

華為將主要的精力和資源都投入了WCDMA的研發。在國內以及瑞典、俄羅斯、印度、美國的研究實驗室裡，華為投入了三千多名工程師埋頭於3G的研發，其中的重點就是WCDMA的相關技術。

華為海外人士說，即使用「砸錢」來理解華為在3G上的投入也不為過。早在幾年前，為了獲得一流的技術人員，以及獲取最為尖端的行業動向，華為跑到移動通信業老大愛立信的家門口瑞典辦了一家研究所。建所的前半年，幾乎顆粒無收，「《紅高粱》的形象很難吸引到人」。華為花費重金，以及比錢更多的心思邀請瑞典的研發人員來到華為，幾經磨合，方才獲得他們對華為３Ｇ理念的認同。而當時的華為，其主攻的目標只是WCDMA，這也是愛立信的強項。

經過短暫的市場考察後，華為在俄羅斯、美國的研究所中開始了對WCDMA從晶片到系統的全系列規劃。據不完全統計，每次晶片規劃並投入生產的費用都超過兩千萬元人民幣。

華為對於３Ｇ的開發並未盲目陷入高科技的圈套，而是充分考慮了未來產業的發展趨勢，特別是從２Ｇ到３Ｇ的過渡技術。這個技術使用軟體來完成，採用２Ｇ／３Ｇ共建技術，核心網與接入層之間採用ＩＰ化連接。在２Ｇ向３Ｇ的遷移過程中，運營商無須硬體替換，無須軟體升級，投資成本得到了完全的保護。

華為基於軟交換構架的設備，採用了先進的承載與控制分離的R4構架，大大降低了運營商的建設成本和維護成本，並同時支援 GSM 和 WCDMA，可以從２Ｇ平滑升級到３Ｇ。

在軟交換技術上處於全球領先地位，這得益於其前瞻性的全球第一個 R4 軟交換的商用版本，在全球大多數 WCDMA 商用網路還在使用 R99 版本的時候，華為所建設的商用局全部採用了 R4 版本，這使其在技術上具有明顯的領先優勢。由於軟交換具有電路型核心網無可比擬的優勢，技術上也成熟穩定，很多運營商已經在採用軟交換來替代２Ｇ的核心網，並可相容２Ｇ／３Ｇ接入網路。華為提供系列化基站和有特色的覆蓋解決方案。

華為對３Ｇ的開發是到晶片級別的。華為高級副總裁、基礎研究管理部部長何庭波說，華為對產品的開發程度是晶片級的，而３Ｇ更是如此。「３Ｇ晶片也是我們做的。」她說，「３Ｇ是一個比較先進的系統，不可能買到先進的晶片，不是說買一個晶片貴一點的問題，根本就沒有，你要進裡邊（３Ｇ市場）去玩你就要有自己的晶片。」

公開資料顯示，華為研發的全套自主知識產權的核心 ASIC 基帶晶片，採用業界領先的0.18um工藝，該晶片集成了三十多個系統和ASIC專利，填補了我國WCDMA無線領域晶片開發的空白。而華為晶片研發部門在歷年的研發積累中，現在已經意外地成長為一家獨立運作的晶片設計公司——海思半導體。

這種不計血本的投入在隨後幾年收到了回報：在WCDMA系統上，華為擁有了三十多項核心專利，與跨國公司實現了交叉授權。由於基本上沒有2G的包袱，華為在研發一開始就認準了基於軟交換技術的R4版本是未來的潮流。在主流設備廠商還在猶豫不決的時候，華為已經悄悄完成了R4的實驗室、實驗局階段。

在3G的海外拓展上，華為採取了「把金子當銀子賣」的辦法：國外的運營商只有2G網路，本來只需要2G的設備，華為卻賣給他們3G設備當2G用。由於價錢並不比2G高，將來還可以用於3G，運營商當然非常歡迎，華為也借此摸清了自己3G設備的性能情況。

二〇〇三年，華為投入三千五百人開發的3G技術在亞洲市場曙光初現。二〇〇三年十二月十八日，華為與香港第五大電信運營商Sunday簽署價值九億港幣的3G合約，成為Sunday WCDMA商用網路的基礎網路及業務平台的獨家供應商。

一周之後，世界五百強之一的阿聯酋電信（Emirates Tele-communications Corporation，簡稱Etisalat）宣佈，由華為技術有限公司獨家承建的阿聯酋電信WCDMA 3G網路正式投入商用，華為公司作為獨家供應商。這是華為在海外開通的第一個WCDMA商用項目，也是全球第一個R4商用項目。而這些運營商當初的2G設備並不是採用華為的產品，是華為提供的R4軟交換使得華為能夠順利從2G轉接到自己的3G產品上來。

當時包括華為在內，一共有五家廠商爭奪這個項目。大家都把自己的設備放在運營商那裡做測試，這一測就是一年多的時間。華為很好地利用了這一年的時間，僅僅在阿聯酋的一線現場，華為就配備了將近兩百名工程師，後面的支持人員更是不計其數。在R4版本上，華為和其他幾家跨國公司其實都是在同一個水平線上。「運營商過來一看，大家都差不多，都在犯同樣的錯誤，」陳朝暉說。只不過，更加勤奮的華為利用這一年的寶貴時間把自己的R4產品率先完善了起來。最後的技術測試結果顯示，華為產品的性能排在第一。

拿下阿聯酋的項目之後，華為的聲勢大振，又接連拿下了馬來西亞TM、毛里求斯Emtel的3G專案，從此奠定了自己在WCDMA上的江湖地位。中移動也是應用華為的軟交換技術。二〇〇四年十二月的荷蘭專案是華為在全球承建的第五個WCDMA商用網路，雖然與華為合作的這五家運營商的2G網路並沒有使用華為的設備。

荷蘭Telfort是華為在歐洲的首個WCDMA專案，合約總金額不低於兩億歐元。二〇〇三年，華為和Telfort剛剛開始接觸。當時的Telfort正感覺危機四伏：雖然擁有歐洲最好的GSM網路，業務開展也相當不錯，公司移動業務的ARPU值較高，但是隨著沃達豐等電信巨頭相繼開通3G業務，Telfort面臨的壓力也越來越大。Telfort認為，如果不及早完成對3G的佈局，就有可能在未來的競爭中落伍。

Telfort的2G電信設備供應商是愛立信。在進行3G規劃的時候，Telfort遇到很大的難題：在注重環保的荷蘭建設運營3G的成本很高。更重要的是，3G時代消費者的需求趨向多樣化。Telfort要建的3G網路必須足夠「聰明」，這就必須採用基於I

P軟交換技術的「智慧網」來取代傳統的電路交換網。從當時WCDMA的發展情況來看，傳統的R99版本還是大量採用電路交換技術，而採用軟交換的R4～R6版本都還不太成熟。

Telfort與華為在技術交流中不期而遇。華為的分佈基站技術一下子吸引了Telfort：這種技術夠顯著減少機房的面積，而且設備的功耗低，需要的配套設備也要少得多；整個算下來，分散式基站要比常規的基站節省三分之一左右的成本。

而且，此時的華為對於R4版本的商用已經駕輕就熟。在中東的阿聯酋，華為已經有了一個運行良好的基於R4的3G網路，這也是全球第一個商用的R4系統，這些都說明了華為在WCDMA方面的超強實力。

在華為開始啟動3G應用的二〇〇三年，3G策源地歐洲的第一輪網路建設高峰已經開始降溫。至二〇〇四年底，全球3G已建網四十八個，經過兩年真刀真槍市場磨練的華為總共拿下其中的五個。其中，二〇〇四年十二月八日從荷蘭移動運營商Telfort手上奪下的WCDMA項目合同是華為衝進3G一級市場歐洲的第一單。匆忙追趕3G

的華為在全球３G的第一輪熱潮中沒有衝到前面。

陳朝暉認為，在決定３G格局的第二輪建設高峰中，華為並不缺少機會——全球已經發牌照的近五十個３G運營商中，有約三十個為第一輪建設高峰核心地區歐洲的運營商，餘下二十個歐洲以外的３G網路多為近期新建者，而華為承建的香港、阿聯酋、馬來西亞等四張３G網在其中占了二十%；在新一輪建設高峰中，華為投入最多的WCDMA用戶數今年將面臨暴漲，未來還將會爆發性增長。

二〇〇六年二月，荷蘭皇家電信（KPN）與華為簽署荷蘭全境的３G／２G核心網協議；七月，華為與德國電信簽署了覆蓋匈牙利全國的IMS商用網路合約；八月，沃達豐選擇華為承建其在西班牙的WCDMA／HSDPA商用網路。

從二〇〇六年初至今，華為已經中標的十二個３G網路專案中，六個出自歐洲。華為３G在全球的發展重心正明顯地從中東、亞太等地區逐步向歐洲等移動通信發達地區轉移。在日本和美國獲得突破，也成為了這一進程的一部分。華為的無線產品也已經進入包括德國、法國、英國、葡萄牙、荷蘭、美國在內的十四個發達國家。

二〇〇五年，根據 Frost & Sulivan 統計，華為在3G新增市場份額中排名第二，占二十一．六%；二〇〇六年以來，華為在全球3G新增市場的份額持續上升，目前已超過三十一%，合約金額大幅度提升，並逐漸為全球頂級的運營商認可。

二〇〇六年八月，華為宣佈與摩托羅拉就3G和 HSPA 產品展開聯合研發。權威ＩＴ顧問公司 Gartner 的資料顯示，華為和摩托羅拉的合作，將使它們在 WCDMA／HSDPA 領域的全球市場份額達到十五%左右，僅次於愛立信和諾基亞——西門子，與阿爾卡特——朗訊不相上下。

目前，華為移動軟交換已成功應用到全球六十多個國家，服務全球四．七億用戶，與全球運營商共同經歷著匯接層ＩＰ化、本地網ＩＰ、核心網全ＩＰ化的三次浪潮。據 In-Stat 諮詢公司近期研究報告顯示，華為已擁有三十一．二%的全球移動軟交換市場份額，位居業界第一。

華為的目標是在二〇〇八年，海外市場和國內市場的銷售比重達到七比三，從而成為一家真正國際化的企業。二〇〇五年一月，華為表示，希望到二〇〇八年把海外銷售額從去年的二十二・八億美元提高至一百億美元以上。

華為最強的一個技術是光纖技術，之所以比較強，是因為它是全世界最早用光纖的企業之一。華為一九九二年開發出自己的程式控制交換機之後，由於跨國公司的市場強勢，華為只能走農村包圍城市的道路。中國廣大的農村市場空間雖然很大，但是地形非常複雜，傳統的技術很難覆蓋這麼廣大的區域。後來華為被逼無奈，直接運用當時還比較先進的、沒有完全商業化的SDH的光傳輸技術，形成了自己的光傳輸系列。包括後來推出的「村村通」項目，實際上是用大的光傳輸，把信號送到鄉，從鄉到村用無線的方式傳輸出去，形成了很適合廣大中國農村的一套很實用的解決方案，這對華為的崛起有很大的幫助。

這套方案實際上是建立在顛覆性的技術之上，但更符合根本意義上的顛覆性技術是R4軟交換技術。概念很簡單，傳統上從２Ｇ升級到３Ｇ，如果用的是諾基亞系統，一般通過硬體、軟體統一的升級，可以到達諾基亞３Ｇ的系統。軟交換的概念就是未來電信網、ＩＰ網，可能包括無線網、有線電視網，所有的網，大家都是建立在統一的ＩＰ

架構之上，而那個ＩＰ架構就是通用的平台。所以軟交換的概念，從２Ｇ到３Ｇ，完全可以通過軟體集成的方式直接升級過去，過去用的是誰的硬體並不重要，因為架構是完全不一樣的，搭建在全新的ＩＰ架構上，過去用諾基亞、西門子的都沒關係，這是一個相當大的整體產業架構的變化。

華為為什麼有這麼強的動力推進軟交換？因為它在２Ｇ時代沒有市場份額，整個２Ｇ時代的系統，市場份額幾乎可以忽略不計，但如果是西門子、愛立信，總是想利用原有客戶的鎖定，讓他們接著買產品，所以對軟交換不會很感興趣，不會主動去推。軟交換實際上是顛覆原來的技術。

在這個發展過程中，華為形成了兩個第一。它是全球第一個在３Ｇ應用中，把軟交換的技術成熟化地做出來了。華為在阿聯酋的專案是全球第一個用軟交換做的３Ｇ項目，也是華為第一個WCDMA的３Ｇ項目。正是由於軟交換技術的突破，才讓華為拿下了３Ｇ項目，而３Ｇ專案又幫華為奠定了用軟交換的方式實現３Ｇ升級這一行業內的相對領先的地位。後來華為打通了歐洲很多運營商的壁壘，一步步往裡滲透，拿下了很多歐洲的市場。軟交換給了華為很好的切入到產業最前沿的機會。

華為為什麼能夠在通信領域裡面抓什軟交換這樣的機會？很重要的一點，華為持續不斷地對產業最前沿進行追蹤，一九九四年就在北京設了數據通信研究所，一九九七年在上海設了移動通信研究所，每年十％的研發投入，持續不斷地投入，最終才有了它在核心技術上的突破。

在ＩＴ、通信等高端技術領域，中國許多企業都選擇了顛覆性創新的路徑，如做超級電腦（高端伺服器）的曙光集團，它的董事長曾明確指出：「創新的核心不能沿著行業領袖的腳步亦步亦趨。如果我們追隨跨國公司的戰略，我們永遠也不會趕上它們。在同一個方向上，我們無法超越它們。當行業出現重大的技術變革的時候，我們選擇在另外的方向上突破，可能更容易取得成功。」

顛覆性技術的出現，挑戰原有的產業格局，對後來者以及新企業來說，往往提供了最好的趕超節點，但是要掌握顛覆性的技術，需要對產業有很好的前瞻性，對行業走勢的把握，對技術的發展有相對深入的瞭解。另外，對自身能力的要求也比較高一些，而且對於顛覆性技術的投入一定不能有頭無尾，盯準了就要堅決投入，才能有突破的一天。

華為將自己的經驗和原則寫成了《華為基本法》，足以為後來者觀之：

第二十二條　我們的經營模式是，抓住機遇，靠研究開發的高投入獲得產品技術和性能價格比的領先優勢，通過大規模的席捲式的市場行銷，在最短的時間裡形成正回饋的良性循環，充分獲取「機會窗」的超額利潤。不斷優化成熟產品，駕馭市場上的價格競爭，擴大和鞏固在戰略市場上的主導地位。我們將按照這一經營模式的要求建立我們的組織結構和人才隊伍，不斷提高公司的整體運作能力。

在設計中構建技術、質量、成本和服務優勢，是我們競爭力的基礎。日本產品的低成本、德國產品的穩定性、美國產品的先進性，是我們趕超的基準。

第二十三條　我們堅持「壓強原則」，在成功關鍵因素和選定的戰略生長點上，以超過主要競爭對手的強度配置資源，要麼不做，要做，就極大地集中人力、物力和財力，實現重點突破。

當我們在今天羨慕華為業績的時候，請記住：《華為基本法》成文於一九九六年，華為對資料技術的大規模投入始於一九九四年——對顛覆性技術前瞻性地堅決投入是成功的唯一秘訣。

龍行天下

第七章

中國製造的發展路徑

我們的戰略是「以一當十」，我們的戰術是「以十當一」，這是我們戰勝敵人的根本法則之一。

——毛澤東，《中國革命戰爭的戰略問題》

中集：中國式成長

要麼你把技術轉讓給我，要麼我們就自己生產。反正我有自己的技術路線，而且產品肯定便宜過你。

——中集，二〇〇四年

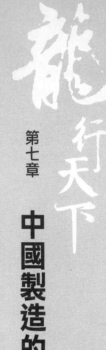

中集的軌跡，描繪出一條中國製造業企業隨著中國經濟崛起而騰飛的完整成長路徑。

「圈地」——擴大市場規模

中集的起飛，與中國經濟在世界的崛起同步。

二十世紀九〇年代，隨著中國經濟持續增長，進出口貿易繁榮，中國集裝箱（貨櫃）工業發展迅速，全國一下子出現了二十多家集裝箱廠。東南亞國家也開始大力發展這一出口型的勞動密集型工業。新建廠大多投資大，技術設備先進，並有歐美等國的資本介入和負責管理，起點很高。許多新建廠的設計能力都超過三萬標準箱。

而中集在一九九〇年產量尚不足一萬標準箱。此前的一九八七年七月，公司才改組為中遠、招商局、寶隆洋行的三方合資企業。董事會確定中集的經營方針為：「以生產集裝箱為主，兼搞多種經營。」四個月後，停產集裝箱一年半的中集恢復生產，復甦主要依靠股東中遠的訂單。由於之前的虧損，中集在集裝箱市場並沒有品牌效應，而且因為是中國生產的產品而在國際上受到歧視。

其時，全球集裝箱產量的六十%被韓國壟斷，剩下的四十%基本上由日本和台灣地區佔據，中國的集裝箱企業基本上處於無足輕重的地位。

儘管如此，由於整個行業的繁榮，當時集裝箱（主要是乾貨集裝箱）的利潤率很高，一個工廠只要生產幾千個就足以盈利。

在當時的乾貨集裝箱成本構成中，鋼材和木材都是產業鏈的上端，對於集裝箱企業（基本是組裝）來說，製造成本和人工成本是中國企業唯一能夠發揮的空間。這是因為，集裝箱是有五十多年生產歷史的標準「鐵盒子」，很多專利都失效了，其間的技術誰都可以使用。因此集裝箱行業的進入門檻很低，只需要招集大量工人按照圖紙進行生產就可以了。到二十世紀八〇年代末，勞動力成本成為集裝箱行業競爭的最關鍵因素。

不過，中集並沒有沉溺於勞動力成本的血拚之中，在這段好日子裡，他們漂亮地完成了產業佈局。

這個戰略是從一九九一年麥伯良被任命為中集總經理時開始的。在內部改造的同時，麥伯良看到，集裝箱生產向中國以及東南亞轉移的趨勢已經形成，這是行業難得的機會；而且行業內部新項目不斷上馬，生產能力急劇膨脹，行業內重複建設、低水平競爭現象十分突出，中國集裝箱諸侯並起的混亂局面已經形成。中集要想度過這個惡性競爭的階段，只有先佔據主動地位，依靠規模經營和綜合優勢取勝。

當時的中國，大致形成華北／東北、華東、華南三大造箱區域，由於空箱運輸成本高昂，競爭基本在區域之內進行。因此，中集開始醞釀覆蓋中國沿海主要港口的生產佈局體系。

從一九九三年開始，中集先後將大連集裝箱廠、南通集裝箱廠、新會集裝箱廠、天津北洋集裝箱廠、上海遠東集裝箱廠、青島現代集裝箱廠等十多個企業收歸麾下。一九九三年二月，中集收購大連貨櫃工業有限公司（台資）五十一%的股權。

一九九四年七月，中集全資子公司中集香港在江蘇南通收購了順達集裝箱公司（港資）七十二%的股權；一九九四年，中集集團投入五千七百九十一萬元，對三個集裝箱生產基地進行改造，產能提高六十四%，從五千八百萬TEU（標準箱）提高到九千五百萬 TEU。

一九九五年十二月，中集集團取得廣東新會大利集裝箱廠八十％的股權，增加產能四千萬 TEU；隨後與住友合作在上海建立了國內最大的冷藏箱廠。

在這輪圈地中，中集主張低成本擴張，基本上是對現有工廠實施「先承包經營、再收購」，收購中經常利用商譽、品牌等無形資產降低並購成本，很少自建新工廠。

一連串低成本並購之後，中集的乾貨箱生產基地形成了產能和佈局的優勢——七家乾貨箱生產廠分設在深圳、新會、上海、南通、青島、天津、大連，初步構建起華南、華東、華北三大區域全方位生產服務的格局，反應靈敏，交貨快捷。集團的乾貨箱年生產能力超過七十五萬標準箱，其中南方中集是全球最大的乾貨箱生產廠。

經過一九九四年產銷量排名世界第三、一九九五年世界第二後，中集一九九六年的集裝箱產量達到十九・九萬標準箱，首次超過韓國現代（Hyundai）和韓國進道（JINDO），成為世界第一，占全球市場份額的二十％。

這時候，與其他所有產業裡發生過的故事一樣，利潤豐厚的集裝箱產業在不到十年的時間裡迅速進入供過於求的慘烈競爭之中。到九〇年代末，中國的約四十家集裝箱廠中，只有三分之一的工廠是盈利的。一九九七年的時候，中國的產能如果完全達到，已經超過全球需求量三十％。

「自一九九八年四月開始，工廠之間同質化的競爭導致集裝箱產品的價格一路下滑，到最低點，價格下調幅度已達五十，單箱利潤率也從三十％跌至不到三％，」中集集團市場事業部副總經理李貴平回憶說。這個跌價幅度使得只有充分具備了規模經濟效益的大型集團公司，才有可能在當時的價位上保本或微利，中型和小型企業都將陷入嚴重虧損的境地。

早有準備的中集幸運地避過了一劫，其所擁有的規模優勢帶來了成本的快速降低，從而保證了他們能夠在行業飽和的情況下，繼續發展而不是陷入價格鬥爭。

「我們相信在集裝箱這樣的行業，只有把市場占有率擴大到足以影響行業內的主要客戶的階段，企業才能生存下去。」中集副總吳發沛說，「這是中集在九〇年代初開始『圈地』的指導思想。」

中國式流程再造

在過去的日子中，中集幾乎從未停步。在乾貨集裝箱市場取得規模優勢之後，他們開始以此為支撐，進入技術要求更高的冷藏箱領域，進行中國式流程再造，不斷提高性價比，在冷藏箱領域演繹了從初學者到世界第一的精彩故事。

被用來存儲及運輸容易腐爛貨物的冷藏集裝箱，由於要經受起吊、海運、堆壓以及從兩極到赤道的環境變化，其技術含量遠遠高於冰櫃。

選擇問題首先擺在中集眼前：九〇年代中期，世界冷藏集裝箱分不銹鋼質和鋁質兩個流派，技術上分別採用「三明治發泡」和「整箱發泡」；兩個流派的技術原理完全不同，分別掌控在德國和日本企業手中；其中日本企業主導的鋁質冷藏箱佔據著市場九十五%份額，是絕對的主流。

然而，中集經過研究之後，卻出人意料地決定引進德國 Graaff 公司的「三明治發泡」技術。

一九九五年三月，中集投資五千萬美元成立上海中集冷藏箱有限公司，德國 Graaff

公司參股二%，並向中集出售關鍵設備，授權上海中集使用其十二項關鍵專利。中集還通過 Graaff 公司聘請了冷藏集裝箱領域的德國專家出任上海中集冷箱技術中心的總工程師，協助中方實現冷藏箱的量產。

「在剛引進生產線時，三萬多平方米的生產車間一年的產能為一萬箱，但是車間的工作流程五年內被中集的工程師改造了四次，僅用了新建生產線所需資金的二十%就將產量擴大一・五倍，這使得同樣的生產線產能被提升到每年二・五萬箱以上。」該專家說道，「到二〇〇二年，上海中集的生產節拍已經提高到十分鐘內切換一個冷箱工序（表示為分鐘／箱），二〇〇四年效率提高到接近五分鐘／箱，而德國生產線研究了二十年時間，在轉讓給中國時也無法突破二十多分鐘／箱的節拍。」

「我們引進德國技術後的消化速度的確非常快，很快就進入了創新階段，」中集集團技術管理部副總經理劉春峰說。中集的技術團隊在熟悉了生產線後很快就改造了德國生產線的生產流程，來進一步加強自動化程度。

不久，中集技術人員又從流程改造延伸到技術上，把德國人的「三明治發泡」整體提升到「改進型三明治發泡」，即把汽車工藝運用於冷箱上。據劉春峰介紹，這種運用不僅加強了集裝箱的強度，而且提高了箱子的絕熱性，比德國的技術前進了一大步。

一九九五年，上海中集引進了一台德國原裝的發泡機耗費了一百五十萬馬克；而當中集一九九七年自己組裝第二台發泡機時，只花了七十多萬元人民幣；現在，中集投資一台發泡機的成本在四十萬元人民幣以下。同時，中集生產的冷藏集裝箱所需要交納的專利費也從一百多美元／箱降低到三十多美元／箱。

巨大的價格優勢和並不差的技術開始迅速在市場上侵蝕日本企業主導的「鋁製冷箱」市場。不到八年，中集的冷箱就徹底顛覆了原有秩序，成為了一種行業規範。目前，全球已經有超過七十%的冷箱是以鋼質和「三明治發泡」技術生產的。

伴隨著青島冷箱基地的投產，從一九九七年到二〇〇三年，中集冷藏箱的產量增長了七倍。中集二〇〇三年生產了六・三五萬 TEU 的冷藏箱，占全球市場份額的四十四%，超過擁有兩個冷箱製造廠的馬士基工業公司（全球最大的海運公司丹麥馬士基公司的子公司，其產品大部分供應母公司，二〇〇三年全球的市場份額為三十七%）。

中集從此成為冷藏箱領域的第一供應商。就在這一年，日本冷箱廠隨鋁箱一起在市場上消失了。

不過更有意思的是，主流技術的最早擁有者——德國鋼質冷箱廠的退出比日本企業還早。一九九七年，主要的德國冷箱廠 Graaff 公司在將專利授權給中集之後，似乎就完成了在該領域的歷史使命，到一九九八年使徹底轉產，靠收取冷箱專利費獲利。

一九九九年，作為 Graaff 技術的託管人，德國 Waggonbau 公司將大部分冷藏技術繼續獨家授權給中集使用。二〇〇五年五月，雙方簽署了最終轉讓協定，據吳發沛介紹說，這次轉讓使中集獲得了除自主開發的十一項專利之外的七十七項冷箱專利，自此中集徹底掌控了冷箱的全部技術體系。

拿下一個又一個細分市場

已經成為巨人的中集在控制了冷箱之後，「稱雄全球集裝箱行業的戰鬥」依然還在繼續，他們幾乎馬不停蹄地進入了更高端的罐式集裝箱、折疊式集裝箱以及其他特種集裝箱領域，這些產品是很多歐洲集裝箱公司在普通集裝箱業務垮掉以後退守的最後領域。

不幸的是，冷藏箱領域的故事被中集在一個又一個細分市場中複製。

罐式集裝箱領域一直為二十世紀七〇年代由歐洲遷移到南非的 Consani、Trencor、Welfit Oddy 三家公司所壟斷，這三家技術優勢非常明顯的南非公司，總市場份額一度超過五十％。

二〇〇〇年十一月，中集與英國 UBHI 公司簽定「技術轉讓協議」，獲得 UBHI 的「Light Weight Beam Tank」罐箱生產技術。十五個月以後，產能為六千台／年的南通中集不銹鋼罐式集裝箱製造廠開業，使其市場份額達到了三十％。中金公司的分析報告認為，二〇〇五年，產量一萬台的中集罐箱將超越南非公司成為世界第一；二〇〇六年，罐箱的收入可以達到中集總營收的三％以上。這一年，三家南非公司退出市場。

在折疊箱領域，二〇〇四年三月，中集收購英國 Clive-Smith Cowley 公司六十％的股權，獲得該公司折疊式集裝箱的關鍵專利技術。

折疊箱最核心的部件為能夠讓箱子折起的「鉸鏈」，折疊箱的大部分技術都集中在此部件上。而英國Clive-Smith Cowley公司採用的「DOMINO」技術的鉸鏈，壟斷著全球七十％以上的市場，並左右著世界折疊箱市場十幾年，幾乎所有要生產折疊箱的工廠都要向其購買此部件。

有趣的是，在購買其鉸鏈產品的時候，中集的特種箱技術研發中心已經花了很長時間，開發出了一套有自主專利的鉸鏈方案，也能用於折疊箱產品。儘管自主的專利能否變成主流尚不能夠確定，但是卻成了中集與Clive-Smith Cowley談判的重要砝碼。「要麼你把『DOMINO』技術轉讓給我，要麼我們就自己生產。反正我有自己的技術路線，而且產品肯定便宜過你。」

面對中集這樣一個巨頭和其過去幾年內橫掃冷箱、罐箱市場的威懾，最後，經過討價還價，Clive-Smith Cowley變成了中集的子公司。不過中集並不滿足，鉸鏈的生產在二〇〇五年被移到了廣東新會。就在在中集折疊箱工廠旁邊，一個新的鉸鏈工廠專門生產「DOMINO」鉸鏈，除了自給，還為全球的折疊箱製造廠供貨。「經過這一過程，中集每個折疊箱至少降了兩三百美元的成本。」

另一方面，通過加強技術開發力量，不斷開發新產品，中集在高端產品市場逐步進入了成熟收穫期，如獲利能力較強的托盤箱、日本鐵路箱（JR箱）、北美國內陸運輸箱、油罐箱及運車箱等均受到客戶和市場的好評。

特別值得一提的是，JR箱成功進入市場門檻高的日本市場，產品質量及服務均獲得日本商界的讚譽，被認為「質量超過日、韓」。

當初日本進口中集JR箱時，認為其質量不佳，總是拚命壓低價格，檢查時也是特別仔細。後來，中集的銷售人員感到這種不公平待遇實在難以忍受，就要求認真評比中、日、韓三國的產品。結果，在事先不知道產品產地的情況下，中集的產品獲得了最高的讚譽。從此，中集的JR箱擠掉了韓國產品的市場份額，一舉佔領了日本很大部分的市場。

就是這樣，中集在世界市場上的分量由此節節上升：一九九八年，中集集團集裝箱產銷量占世界行業份額的二十五％；一九九九年，占全球市場份額的二十九％；二〇〇〇年，中集集團生產了七十一・七萬標箱（TEU），銷售六十九・七萬標箱，超過世界行業排名第二、三、四位造箱集團的總和，占全球市場份額的三十五%；生產冷藏箱二・九九萬TEU，僅次於丹麥Maersk（馬士基），居世界第二位，市場佔有率為三十%。麥伯良說：「論市場份額，從二〇〇〇年的資料來看，全球第二、第三、第四、第五加起來，跟我還差二十%。」

二〇〇一年，中集占全球市場份額的三十八%；到二〇〇一年中期，中集集團冷藏箱綜合競爭力與Maersk公司相比，已處於均勢或略佔優勢。

二〇〇二年，中集在國際集裝箱市場中的份額達四十六%，是目前世界上最大的國際標準乾貨集裝箱和冷藏集裝箱的製造商。

二〇〇三年，中集在全球份額超過五十%。當年下半年，有半個城鎮大小的（全球最大的集裝箱工廠）、號稱中集的「夢工廠」的南方中集深圳東部工廠開業。此時中集的乾貨箱工廠增加到了十個，產量比一九九五年增長了七倍，全球市場份額則超過五十%，而與此同時的現代和進道的市場份額跌到不足十%。

二〇〇四年七月，中集成立青島中集特種冷藏設備有限公司，由此擁有了全球第一個特種冷藏箱生產基地。

至此，中集成為目前世界上惟一能夠提供乾貨箱、冷藏箱和特種箱三大系列，一百多個品種的集裝箱產品，並且能夠對所有品種提供設計、製造、維護等「一站式」服務的企業，也是目前全球惟一對所有集裝箱產品擁有全部知識產權的企業集團。

成為產業前沿技術的引領者

一邊是細分市場的開疆拓土，一邊是整個經營系統的改造創新。

隨著中集規模的不斷擴大和實力的不斷增強，一系列「止血」方法應運而生：統一大宗原材料採購，實現鋼材國產化，提高鋼板利用率；利用國際金融工具低成本融資，一九九六年在美國債券市場發行商業票據，一九九九年與荷蘭銀行完成帳款證券化項目；整合生產基地，統一安排生產，僅運輸費用降低就使單箱成本下降五美元。

統計顯示，從一九九六到二〇〇〇年，中集單位產品材料成本降低了三十三％，單箱的人工、製造、管理和財務費用下降了四十六%。

與此同時，中集積極介入上游原材料市場。不過他們採取的不是整合策略，而是直接切入新技術開發（木板）以及合作（鋼鐵），這是另一種降低成本或緩解成本壓力的途徑。

對於集裝箱製造行業的企業來說，最頭疼的兩塊成本就是鋼材和木地板，這兩塊合起來佔據近七十%的成本。

「處於同一風險週期內的縱向整合，的確一榮俱榮，但也往往會對風險有放大作用。」中集集團副總裁吳發沛說，「所以，除非像木地板那樣，已經糟糕到中集不得不介入的地步，中集對於同一產業鏈上的問題並不太願意直接介入。」實際上，中集現在對於橫向的跨行業的合作（比如與GE等企業的合作）和處在不同風險週期的相關多元化（比如半掛車和登機橋等）更感興趣。

木地板占集裝箱成本的十五%。每年，中集集裝箱業務要採購五十萬～六十萬立方米的海量成品木地板。中集選擇開發「樹種替代」和「新產品」，利用其新會工廠的研發能力以及中國眾多的技術人員，反復試驗。二〇〇一年下半年開始，經過工藝的反復調整，試驗進入實質性階段，生產部經理撤換了幾輪，硬是把合格的桉木地板生產了出來。

在接下來的半年中，新會中集的市場人員竭盡所能向「箱東」們推薦使用新型的地板。中集找來了 BV、GL、ABS、CCS 等世界各地的船級社對地板進行質量認證，還推薦給國際集裝箱租箱協會進行試驗。在一次為全球最大的租箱公司之一 Triton 公司所做的試驗中，桉木地板承受了七噸重的叉車來回碾壓七十六次，而傳統的克隆木只能承受二十七個來回。

隨後，短短半年時間就有大量海運公司接受這種新產品。據《World Cargo news》報導，二〇〇二年十一月中旬，一．五萬 TEU 上已經應用了桉木地板，其中包括馬士基、P&O 等大集團的產品。進入二〇〇三年，採用新型木地板已經是大勢所趨，有二十五%的中集產品用上了新型地板，而且這種比例還在不斷提高之中。

同樣，中集把鋼結構的集裝箱變成主流，為鋼廠開拓了一個巨大的市場，並且推動了鋼板本地化生產。一九九八年，國內的鋼鐵廠並無能力生產集裝箱用的鋼板，中集通過和寶鋼、武鋼、鞍鋼等大型鋼鐵集團的聯合開發，使集裝箱鋼板的生產技術趨向於成熟和普及。

隨著中集的越來越強大，其介入產業前沿技術的程度也越來越深，智慧化開發就是中集的最新版本。

二〇〇三年，中集和一家美國科技公司合作，開發了加裝在老式集裝箱上的新一代電子封條。另外，中集還和一家在集裝箱電子安全解決方案領域領先的瑞典公司合作，開發智能集裝箱的通信模組，再由中集進行集裝箱的系統集成。

中集集團技術中心成立了一個名為「安全智能集裝箱研發組」的特別研究機構。據劉春峰介紹，原有的集裝箱設計沒有考慮加入電子安全系統，因此結構要調整，加裝電子模組和通信模組。中集的研發組主要研究集裝箱結構的改造，以及新的電子模組的設計。

「智能化的趨勢背後隱含著巨大商業機會。」中集集團技術管理部副總經理劉春峰說，「不僅是新箱，全球現有的乾貨集裝箱就有三千多萬個要改造，所有的集裝箱都有可能要改造，每個集裝箱的改造成本大約是兩百美元，這是一個價值六十多億美元（超過全球集裝箱製造業年產值總額）的龐大市場。」

龐大的市場同時引起了 GE 的關注。二〇〇四年，通過併購 All Set 公司，GE 安全集團獲得了 All set「商業衛士」技術的授權。中集此時認識到通過與另一個產業的巨頭的合作將會大大推動自己對集裝箱產業未來的掌控能力，所以轉而和 GE 合作，並聯合推出了一種名為「TESC」的侵入探測安全集裝箱。

從以上的例子可以注意到，中國企業在自主創新上突破、形成核心能力的思路如下：第一個戰略是整合創新，創造性地滿足客戶需求，衝破跨國公司的壟斷（海爾）；第二，是流程創新和創造性地利用成熟的技術，先去滿足低端市場的需求，再反過來讓技術不斷地升級換代，最終形成對原來所謂高端的替代（比亞迪）；第三，一開始賭最前沿的技術，跟上技術發展斷裂性的機會，一步到位（華為）。

而中集的價值在於它在不同階段分別實施了上述不同戰略，並最終成為全球行業領袖。這是一個完整的中國製造成長史。中集從最簡單的鐵皮集裝箱製造起步，從最沒有規模、沒有技術的起點，經過二十年不到的時間，現在成為集裝箱行業內全球規模最大、技術最好、最全並且已經開始做新的技術突破的企業。

中集給人的整個印象就像是坦克在推進，它在合適的時候做了該做的每一件事情，時候到了它就滾打包收，最終完成了自己的全面升級。在它的發展中並沒有特別耀眼的行動，但它已經經歷了一個中國企業整體升級換代的所有歷程。

中集看似戰線廣闊，但是在某個時期，總是有一個側重點，初期是箱式集裝箱，然後是冷藏箱，其後是特種箱，最後是智能箱。在初期的產品，都是先規模後技術，到後來則是先技術、後規模。

這種戰略可以從中國的軍事戰略中找到答案。毛澤東在《中國革命戰爭的戰略問題》中說：「我們的戰略是『以一當十』，我們的戰術是『以十當一』，這是我們戰勝敵人的根本法則之一。」

中集利用低成本和規模優勢不斷擴大市場份額，隨後成為整個行業唯一能夠做研發中心的，因為只有它有足夠的規模。它的競爭對手，由於無利可圖，韓國先退出，日本再退出，然後歐洲的企業基本全部退出，最後中集唯一的對手就是它自己。

這是中國製造實現可能性的完整途徑：從良性的低成本製造或者研發開始，逐漸形成規模，逐步突破技術壁壘，並且最後在更高的層面，循環利用低成本和技術突破能力，最後達到參與並勝出國際競爭。能力的幾何級數的積累，其最後的突破是爆炸性的。中國製造過去幾年的高峰是二十幾年積累的一個總爆發，當然勢不可擋。而這兩年對中國製造的質疑和壓力正在迫使中國企業進行新一輪的積累，當它們再次爆發時，世界的競爭格局將全面改寫。

時勢造英雄。未來世界級的中國企業將在這一輪新競爭中脫穎而出。

龍行天下

第二篇 中國製造的秘密——窮人的創新

第三篇

未來，黃金十年

現在，我們顯然面臨一個時期，在此時期內，創新的要求和機會比我們記憶中的其他任何時期都更大——也許與第一次世界大戰以前的那個五十年一樣大。

——彼德．魯克

海爾、華為、聯想、中集等企業所取得的成就讓人鼓舞和嚮往。然而，它們通過整合創新、流程創新和顛覆性創新所實現的成本創新有多大的借鑑性和普遍意義？成本創新的局限性又在哪裡？

第八章 成本創新的障礙

阻止中國企業成本創新戰略的一個重要障礙，是被經濟學家們叫做「系統性的價值網路（systematic value network）」的東西。

像所有的戰略一樣，中國企業的成本創新也有其局限性。成本創新的成功在很大程度上得益於越來越多的產業形成了全球的水平分工和模組化的結構。但是，還是有不少產業由於產業鏈（特別是流程協調）的複雜性，並沒有形成模組化的結構，整個產業依然主要是寡頭競爭的格局。在這些行業，由於很高的進入壁壘，成本創新戰略面臨天然局限，無法發揮應有的作用。

系統性的價值網路障礙

阻止中國企業成本創新戰略的一個重要障礙，是被經濟學家們叫做「系統性的價值網路」的東西(systematic value network)——換句話說，就是在某些產業裡，一個成功的競爭者需要管理一個綜合的、大致上不能分割的行為系統，目的是把一個吸引人的產品／服務傳遞給消費者。快速消費品產業，如速食和個人護理產品，就是個好例子。這些產業一般不涉及特殊的高新技術，但要使這些產業正常運轉，涉及協調一個複雜的、相關的系統。

這個系統把複雜的市場研究和產品開發集合在一起；不標準的全球採購（特別是自然原材料，而不是標準化的工業部件）；製造過程必須連貫，協同的物流必須考慮到產品的變化（例如不同食品的保存期限）和複雜的促銷活動。傳遞到最終消費者的價值實際上直接受制於這個系統性網路中最弱的一個環節。因此，一個成功的競爭者必須組織好整個系統的運營才能獲得競爭優勢。在這樣的行業，中國企業也許可以通過在個別環節的創新，例如，某種新產品的推出、一個消費概念的炒作、渠道的覆蓋率等，獲得短暫的優勢，但常常由於系統管理能力的缺乏而最終失利。同時，在這樣並非高技術的行業，延續性和經驗的積累往往很重要，而中國企業作為後來者，利用顛覆性技術創新趕超的機會也非常少。這些系統性的、根本性的制約，導致了中國企業在快速消費品行業對諸如寶潔、聯合利華、歐萊雅和漢高等跨國企業進行了一輪又一輪的攻擊，卻依然無法動搖這些跨國公司在中國的市場地位，更不用說進行國際擴張了。

醫藥產業是另一個例子。醫藥行業使用的傳統的藥物開發方法是高度系統性的，涉及研究、開發和臨床實驗小組，它們一起合作，往往歷時十年甚至更久，而且涉及大量的複雜流程、技術、經驗、know-how 等的積累。中國企業在這些系統性產業的弱點是它們不能輕易地把價值鏈「切割」成單獨的行為模組，因而很難降低進入壁壘和學習門檻。

無形資產

一個和系統性的價值網路障礙相關的挑戰是無形資產，如品牌、專利技術和經驗。這些無形資產建立起來緩慢而昂貴。在那些無形資產對競爭成功至關重要的地方，中國企業作為後來者的趕超相對困難。

在某些產業中，大部分消費者甚至不會嘗試一個新的供應商，如果他們不認可那個品牌的話（例如奢侈品），這時成本創新的拉動力量遠遠弱於品牌的壁壘。

零售業是無形資產壁壘的好例子。在這類產業裡，中國的零售商們面對著相當大的無形資產壁壘以及強大的零售品牌，例如沃爾瑪和家樂福。零售業的成功涉及許多無形資產，包括供應商管理、物流、貨架空間管理、展示、推銷和銷售人員的培訓等知識。由於勞動力成本大部分受當地的工資水平驅動，中國企業難以將成本優勢傳遞到海外的零售業務上。與此同時，成本創新的範圍很可能受到限制，因為這個行業也很難用模組化的方法去組織它的服務。

專利和種種不可見的技術是制約成本創新的另一個重要因素。石化產業是一個很好的例子。大部分的關鍵技術仍然在專利擁有企業手中；例如，自一九八五年以來，僅埃克森、殼牌和英國石油公司（BP）在中國就已經申請了一千七百七十項專利，而陶氏化學、巴斯夫和拜耳又申請了兩千五百六十項專利。此外，大部分化工生產流程是持續性的，需要巨大的資金投入，而且廣泛依賴於多年積累的專利技術。這些特徵使中國企業難以把一項生產行為分割成鬆散的小塊，成本創新的空間很窄。

除了系統性和無形資產的障礙外，成本創新還面臨著其他兩個階段性的局限。

產業生命週期的早期

通常在產業發展早期，在主導技術尚未出現的產業中，中國企業的成本創新戰略往往不那麼有效。缺少了主導技術，快速學習、擴大規模和不斷降低成本這種以往有效的套路難以在這類行業裡展開。同時，產品生命週期的早期，技術變化的速度非常快，跟上技術變化已經很難了，更不用提創新了。而且，當一項新業務正在形成時，性能和質量而不是價格，往往是消費者最重要的選擇標準。中國企業因而在主導產業發展方面面臨巨大挑戰。

中國和發展中市場的規模有限

在中國國內市場規模小的領域，中國「龍」們在冒險進入國際市場之前，沒有多少機會在國內建立起一定的產業規模及獲得一定的經驗。更糟糕的是，如果某種產品或服務在發展中國家的市場上是小規模的或者不存在的，那麼中國的競爭者們就無法採用「農村包圍城市」的戰略，即先在周邊的新興市場建立規模，然後以此為據點攻擊發達市場。因為在新興市場裡，那些在中國磨練出來的技巧最適用，來自成型的跨國企業的競爭也不那麼激烈。因此，相對於全球市場來說，中國和發展中市場有限的規模妨礙了中國企業形成全球挑戰能力。

投資銀行業，特別是併購服務，是一個好的例子。僅在數年以前，監管的限制意味著中國的併購市場事實上是不存在的。甚至二〇〇五年，中國在以價格為標準的全球併購活動中，佔有的份額不足二%——當時發展中國家的併購總額只占五%。因此，中國的銀行和金融服務公司很少或沒有機會在這個行業開發它們的技巧、經驗和規模。在美國市場占全球併購近半交易額、歐盟國家又占據四十%份額的情況下，中國企業的成本創新難以找到最初的切入點。

相對於全球需求，如果中國和發展中國家市場的規模較小，中國企業成本創新的槓桿作用就很難發揮。例如，中國主要汽車製造商奇瑞，從歷史上看，每年生產的車輛略超過十萬輛。天津一汽的規模僅比奇瑞略大，而吉利的產量甚至更低。相對於豐田、通用和福特每年均超過八百萬輛的全球規模，中國汽車製造商的規模顯得蒼白無力、毫無意義。甚至是現代這個全球第七大汽車製造商，每年製造的汽車也超過了三百萬輛。當中國市場相對於全球市場的規模還不夠大的時候，中國企業的國際競爭力將受到很大的制約。而中國汽車製造企業競爭力在最近幾年的大幅攀升和中國汽車市場從二〇〇三年開始的井噴式增長是同步的。

成本創新路徑圖

我們對新興中國企業目前在不同行業的整體優勢和劣勢進行了一個大致的評估。通過對本章中上述成本創新的障礙因素，以及第一篇中提到的成本創新的促進因素的綜合分析，我們嘗試著對中國企業的發展路徑做了個總結和預測。圖8-1試圖說明中國企業的「成本創新推進路線」。

圖8-1的縱座標主要衡量中國企業成本創新的潛力，主要影響因素包括：行業的開放程度、行業模組化的進度、勞動力在總成本中的比重等。而橫座標主要衡量阻礙中國企業成本創新的因素，例如，產業價值網路的高度系統化，無形資產在建設和維持競爭優勢方面的重要性，產品生命週期的早期，中國和其他發展中市場的規模占全球的市場比例等。

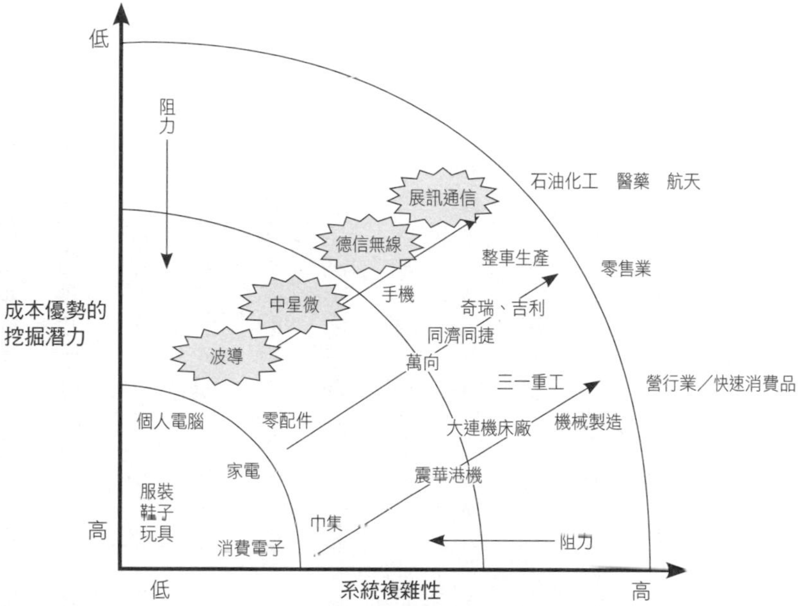

圖 8-1　中國企業的產業突破

這張圖顯示了中國企業的快速推進——最初在玩具、服裝和鞋這類行業中大獲成功，然後突破到消費電子、家用電器和個人電腦行業。但由於系統的複雜性、無形資產的重要性、長期經驗積累的壁壘以及模組化成本創新的局限，中國企業在醫藥、航空、零售、銀行和快速消費品等行業依然居於劣勢。

同樣很有啟發的是，中國企業在一個行業中怎樣利用產業模組化的機會，充分發揮成本創新的優勢，從產業鏈的最低端逐步進入到最高端的競爭。

萬向的發展就是個典型。這個中國最早的鄉鎮企業之一，最初是個農機修理廠，生產的第一個汽車配件產品是最簡單的萬向節。然而，就是從這小小的萬向節起步，經過二十多年的發展，它如今已成為中國最大的汽車零部件供應商。萬向節產品的市場是有限的，一個產品之後，萬向馬上想下一個產品，從萬向節到傳承軸，因為萬向節和傳承軸是裝在一起的，是供給傳承軸的。隨後做軸承。一九九二年，萬向開始做驅動軸，包括轎車等速驅動軸、汽車傳動軸、軸承、滾動體、密封件、轎車減震器、制動器等系列化汽車零部件產品。一九九七年，萬向開始做減震器，也是零件，主要做二級配套。

萬向從二〇〇一年開始嘗試向集成方向努力。起初的兩年形成了制動系統，通過收購企業、購買技術、技術研發，包括和大企業聯合起來做開發，和同濟大學做底盤的系統等，從多管齊下的角度，萬向很快就形成了底盤系統的能力，並在幾個主機廠進行驗證。在做了海馬汽車的底盤集成系統之後，又做了燃油箱、尾氣排氣系統。後來又陸續生產了前懸系統總成、後制動器總成、中間傳動軸總成及ＡＢＳ系統。

在零部件領域取得突破的同時，萬向也看到另外的道路——電動汽車。一九九九年，萬向集團設立電動汽車專案籌備小組，做電動汽車技術調研以及一些基礎力量的儲備。萬向隨後在集團的技術中心成立了高科技技術研發中心，開始以項目形式投入，二〇〇二年後以公司形式運作。二〇〇二年，萬向收購了一個電池企業，以項目形式運作的第一台電動汽車的樣車做出來了，就成立了萬向電動汽車開發中心，開始有一個實體。二〇〇二年的時候基本是在做樣車，利用萬向集團的優勢開始把現有的汽車做成電動汽車，二〇〇二年完成十一部電動轎車和五部電動大客車的車樣開發。

二〇〇三年，萬向電動汽車順利通過了國家轎車質量監督檢驗中心的檢驗，獲得國家認可的開發技術資格。

二〇〇三年，中心基本構架都已經有了。最關鍵的是當時發展的思路都已經形成了，就是電池、電機、電控、電動汽車。萬向的感覺是，還是要把零部件做好，電池、電機、電控，電動汽車的一些顛覆性的技術就在這三個方面。二〇〇四年，萬向電動汽車重大專項WX純電動汽車動力總成專案通過國家科技部節點檢查。二〇〇七年，萬向電動車已經可以提供標準化的模組電池，而產品的體積也比二〇〇五年減少一半。

這張示意圖並不是嚴格的統計分析，它更多的是提供一個思考的框架。讀者可以利用這個框架所提出的主要影響因素，結合第二篇中的示範案例，分析在自己的行業中進行成本創新的空間有多大，以及可能的發展路徑和突破口。

第九章　限制性因素在消失

當中國成為很多行業全球的領先市場時，原有的競爭格局將進一步改變。

更讓人興奮的是，全球經濟的發展正在朝更加有利於中國企業成本創新的方向演化，那些限制成本創新潛力的因素正在逐漸減弱。

行業日益模組化

隨著ＩＴ技術和資訊化的進一步成熟，平台化和模組化的優勢越來越明顯，越來越多的行業正變得模組化起來。

以傳統研發的重大堡壘——製藥業為例。基於新的生物技術方法，藥物開發系統化的程度大為降低。生物技術採用產業標準的實驗方案和大量充分系統化的知識，例如人類基因組資料庫，使人類染色體的整個基因序列可以被利用。這樣的標準化和公開的可獲取的資訊使新的進入者更容易通過專攻產業鏈條上屬於它們自己的模組而打入該行業，而這些新的公司也很容易與大型生物技術公司及已有的製藥巨頭合作開發最終產品。比起傳統的製藥研究，生物技術可能涉及更高級的技術，但由於它更模組化，必要知識標準化的程度更高，中國企業已經在這個領域快速發展。

中國市場的規模正在變化

中國經濟正在以加速度發展。在越來越多的行業，中國不但發展速度最快，而且總量最高。當中國成為很多行業全球的領先市場時，原有的競爭格局將進一步改變。

中國汽車企業的發展就是個典型。即使在五年前，大部分人對中國企業在這個行業的生存都心存疑慮，而現在，中國企業的競爭力已不可同日而語——其中最重要的原因就是中國汽車市場的超高速發展。

二〇〇〇年，中國汽車市場銷量為兩白零八萬輛。七年之後，中國汽車市場接近八百五十萬輛。即使是瓜分市場的零頭，也足夠汽車企業生存。要知道，二〇〇〇年吉利汽車銷售只有一萬輛，它在二〇〇六年已經接近三十萬輛。

幾乎所有的中國汽車企業都在起步階段借助了國外或者國內的設計公司。在整個汽車產業鏈中，設計環節是最早獨立出來的。國內汽車設計行業從二〇〇二年開始呈現爆發性增長。

「在五年前，中國就沒有汽車獨立設計這樣一個行業。」北京長城華冠設計公司總經理陸群說。這家公司的成名作是吉利金剛汽車。在金剛汽車之前，吉利依靠模仿夏利生產了豪情、美日等車型，並和韓國設計公司有過合作。金剛是第一次和國內汽車設計公司合作開發，雖然借鑑了一些品牌，但從造型角度來看，基本上算是獨立開發。

甚至吉利最初的起步，也是借助了汽車產業供應鏈的模組化。二〇〇一年十一月，吉利還是拿到了國家發改委發佈的汽車生產目錄。在供應商方面，國內十多年的合資留下大量供應商系統，它們也需要尋找新的客戶來保持更大的發展。吉利要做的就是選擇合適的車型以及供應商，然後組裝起來。最初，吉利採用了德國博世的燃油噴射系統，內飾件由一家同時向大眾汽車和通用汽車公司供應零部件的中國公司提供。吉利選用的鋼板和福特、通用及大眾汽車所用的鋼板出自同一家鋼鐵企業，模具和其他生產設備則由一家台灣公司提供。

二〇〇二年十二月十六日和二十三日，吉利集團與義大利汽車項目集團、韓國大宇國際株式會社的全面技術合作協定，分別在上海和寧波簽署。合作協議涉及金額超過七千萬美元。

自由艦是吉利進行正規化改造後推出的第一款中級車產品，吉利內部非常重視。為此，吉利摒棄了過去封閉研發的方式，請韓國大宇幫助設計車身，請韓國 Top Metal（頂級金屬）公司為吉利設計了高質量的模具，並第一次採用了全數模的設計方法。

二〇〇三年年底，華冠正在協助另一家汽車設計公司做奇瑞的 QQ6 專案，一個此前熟識的模具商找到華冠，問他們能不能接一個整車設計的活兒。當時，這家模具商正在和某主機廠進行合作，得知這家主機廠也在找人做一款整車產品的設計。這個專案就是金剛車型的開發。二〇〇五年，金剛上市，大獲好評。

另一家借助設計公司擺脫模仿的是奇瑞汽車。一九九六年，奇瑞花兩千五百萬美元購買了福特的CVH二手發動機生產線。一九九七年三月，由安徽省和蕪湖市政府下屬的五家公司共同投資、註冊資本為十七．五二億元的「安徽汽車零部件工業公司」正式成立，主要生產CAC轎車發動機和開發家用轎車。該專案被列為「九五期間」安徽省第一號工程，簡稱「九五一工程」。公司的一期發動機廠房坐落在蕪湖經濟開發區。一九九九年五月十八日，第一台發動機下線，同年十二月十八日，第一台轎車下線。

一九九九年，奇瑞汽車在蕪湖下線後卻因沒有轎車生產目錄，只能在安徽省內小批量投放。之後掛靠上汽集團，以上汽奇瑞名義銷售汽車。

奇瑞汽車有限公司董事長兼總經理尹同耀在一汽有十二年半的經驗積累，「什麼能做，什麼不能做，不能做的找誰，大概需要多少資金，這些我們都很清楚。」奇瑞把整個車分解成不同的部分，能做的就自己做，不能做的就「外包」。奇瑞第一代車的底盤是模仿捷達的，車身是與台灣福臻模具公司聯合設計的，而零部件的配套則得益於合資汽車零部件國產化率的提高。

在這個階段，奇瑞的整車被分成了車身、模具和配套，奇瑞掌握整體控制和系統集成。隨著創新需求的深化以及自身對整合技術的把握，奇瑞還有將整車細分下去的打算。目前奇瑞正在進行開發的平台至少有四個，到二〇〇五年，他們計畫將有八個平台共存。在開發的多款車中，奇瑞先後聘請博通（Bertone）、賓尼法瑞那（Pinintarina）等歐洲和日本的設計公司進行車型的造型和工業化設計。（從某種意義上講，由於國外汽車市場的成熟度很高，這些設計公司在國外不一定能夠獲得足夠的業務量，也願意來中國尋求發展。）奇瑞的整合資源從其出口美國的車上可以看出來。奇瑞出口美國的五款車的設計均由義大利和日本著名的設計公司負責，發動機由奧地利的 AVL 生產，汽車內部裝飾在日本，整車的組裝在中國。

奇瑞的造型開發的快速發展，借助的是一支來自二汽的團隊。二〇〇〇年年底，二汽走合資道路，要解散技術中心，有十來個工程師就醞釀出走。這些人曾經去法國培訓過，回來後開發出愛麗舍。二〇〇一年，奇瑞知道他們要走，就請他們加盟，這些人與奇瑞聯手打造了佳景汽車設計公司。又把原來在東風技術中心流散到各地的人召回來，一共二十多個人，主要人員是原東風公司技術中心輕轎平台的核心骨幹。在擁有佳景之後，奇瑞開始進入實質性的創新階段。

奇瑞此後推出的三個車型，包括QQ，都是這支團隊的成果。二〇〇三年QQ一經推出，連續四個月穩坐在國內轎車銷量第四的位置上。

二〇〇六年，奇瑞總共推出六款新車，除了已上市的新東方之子外，五月份上市的是奇瑞V5，這是奇瑞第一款商務車，外形以及功能定位與廣州本田奧德賽類似。七月上市的是奇瑞A18，是在原風雲基礎上開發的新車型。八月露面的是奇瑞S21，這是奇瑞今年推出的兩款經濟型轎車之一。十月，奇瑞S12、S22相繼亮相，S22是一款小型MPV，S12扮演了奇瑞二〇〇六年新車上市壓軸的角色，是介於QQ和S21之間的一款小型車。

這幾款新車型的設計聘請了國際上頂尖的設計公司，如義大利的博通、賓尼法瑞那及日本的設計公司。前不久，義大利 Fumia Design Associati 公司宣佈，為奇瑞汽車在上海車展展出的概念車「S16」設計了外觀並試製了樣車。

隨著合作夥伴的增加，奇瑞自己的研發力量也增強了。目前的奇瑞，已形成了奇瑞汽車研究院規劃，即佳景公司設計低端車、日本設計中端車、義大利設計高端、蓮花公司調校底盤的主體框架，而且「部分車型研發將直接在美國完成」。

奇瑞的另一個開發是在發動機領域。從二〇〇二年開始，奇瑞與奧地利的發動機設計公司 AVL 簽訂了聯合開發協定，在此後的三～五年時間內，開發〇・八升～四・〇升十八款發動機。這幾乎囊括了當今國際內燃機最新技術，產品全部達到歐洲四號排放標準。在十八個型號的產品中，有四個為奇瑞與 AVL 聯合開發，其餘十四個全部為奇瑞自己開發。

在中國汽車行業，設計公司的崛起有點類似當初的手機行業，迅速出現很多，又迅速消失。佳景科技成立的時候，中國獨立的汽車設計公司只有上海同濟同捷等幾家，其創始人是原同濟大學汽車系教授雷雨成。但在二〇〇二年、二〇〇三年期間，獨立的設計公司迅速躥升到近兩百家。有行業內人士估計，這些企業的創辦者九十五%以上來自國有企業、合資企業的研發中心以及像泛亞、同濟同捷這樣的研發設計機構。二〇〇六年，雷雨成表示，目前分佈在全國的五十多家本土汽車設計公司中，有三十多家是從同濟同捷流失出去的人才創辦的。此外，泛亞的人員流動率在三%左右，每年要失去三四十人。

二〇〇三年的中國汽車市場以六十%的速度增長，奇瑞、吉利、華晨等自主品牌企業對新產品開發的需求一下膨脹起來。陸群記得：「一個規模很小的自主品牌企業一開口就說，我們要同時開發九款車，並準備開發四十三款車。」此外，QQ的成功讓逆向設計大有氾濫之勢。一些汽車設計公司經常是六七個人成立一個公司，五十多萬元就接一個設計專案。惡性壓價不但快速壓縮了行業的利潤空間，更讓整個行業走向一種惡性循環。

在奇瑞上千人的研究院中，造型部只有十五個人，隸屬於車身部，但這並不妨礙奇瑞把產品規劃做成四十多款車，設計工作大都可以外包出去。一位業內人士透露，奇瑞的項目曾經外包給北京精衛全能、上海同濟同捷以及北京長城華冠。

但是，轉捩點很快到來。二〇〇四年年底和二〇〇五年年初，汽車製造廠由於市場原因大幅縮減開發專案，很多小的汽車設計公司被淘汰出局，存活下來的逐漸拉開檔次。

二〇〇七年，奇瑞慶祝了自己的百萬輛汽車下線，吉利則突破了發動機和變速箱等核心環節，並且都在開發更高級的車型。在短短十年之內，中國自主品牌的汽車通過模組外包和中國市場的快速增長，獲得與國際巨頭抗衡的能力。

由於中國持續快速發展，限制中國企業在全球進行成本競爭的歷史局限性正在越來越多的行業中消失。

第十章

全球整合資源

跨國公司加速了在中國的擴張，中國企業加速了全球擴張，購併和聯盟也將越來越普遍。

對於制約中國企業發展的一些更底層、更需時間積累的因素，例如品牌、全球分銷系統、行業流程的專門知識和專利技術的壁壘等，中國企業可以利用購併加快克服這些弱點。而中國企業的購並浪潮將導致很多行業的全球產業格局重新洗牌。

使用對外收購戰略

以聯想收購 IBM PC 部門為里程碑，中國企業開始加快全球戰略收購。除了聯想、明基、TCL、華為這樣的大型購併外，大量的企業也在嘗試這一戰略，並取得了相當的成績。

萬向集團又一次成為先行者。萬向已經系統性地在汽車零部件行業展開了多重收購。萬向想要得到的主要資產是技術、渠道和品牌，這些能使它在發達市場快速確立自己的地位。從一九九九年開始，萬向集團在海外進行垂直兼併，向現有的製造領域以及與萬向集團汽車零部件主業互補的領域投資，成功收購英國AS公司、美國舍勒公司（一九九八年收購）、ID公司、LT公司、QAI公司、HMS公司和UAI公司（二○○一年收購，納斯達克上市公司）等海外公司。為了搶占市場，魯冠球以併購手段先後將歐美市場上原本負責銷售萬向產品的三家夥伴公司收歸旗下，其中以整體收購美國舍勒公司的過程最為精彩和富有戲劇性。到二○○一年十月，萬向集團已併購了八家美國公司（二○○一年當年就收購了六家），並相繼在美國、英國、德國、墨西哥、委內瑞拉、巴西和加拿大等七個國家成立了十餘家公司。從二○○三年起，萬向運作AMF基金，致力於並購、整合美國的汽車零部件生產廠商，並為中國企業提供機會。截至二○○三年底，萬向集團已經將二十六家海外企業攬入自己的企業帝國版圖之內。

董事長魯冠球如此解釋他的原因：

我們在海外收購公司並非是簡單的收購，它實際上關係到國際資源的聚集。我們將結合可以找到的一切資源，使這些資源成為公司跨國經營的基礎，使公司可以採用最先進的技術在全球主要市場上參與競爭。比如，我們購買了舍勒、環球汽車工業公司和羅克福德動力系統公司（Rockford Powertrain），因為它們擁有我們最缺乏的：市場、技術和品牌。這些公司的弱點是勞動力成本不斷上漲。我們的強項在於我們的勞動力。我們使用了大量的廉價勞動力，生產低附加值產品。我們可以把這些公司的低附加值產品帶到中國，在這裡生產這些產品，同時繼續在原處生產高附加值產品。因此，通過合併這些公司，我們降低了成本，提高了效率。這就是我們能夠如此成功地突破通用汽車和福特等大公司和市場的方法。

自二〇〇二年以來，中國機床公司就已經處於國際搶購潮之中。上海明精收購了德國沃倫貝格公司（Wohlenberg）和日本株式會社池貝（Ikegai）。瀋陽機床成功接管了德國的希斯股份有限公司（Schiess AG）。在收購了美國的英格索爾（Ingersoll）公司的兩家下屬企業後，大連機床公司又收購了德國茲默曼公司（Zimmerman）。秦川機械收購了美國的聯合美國工業公司（UAI）。上工申貝集團（SGSB Group）收購了德國上市公司DA（Duerkopp Adler），後者成立於一八六七年，是世界排名第三的工業縫紉機生產商。二〇〇五年十月，北京第一機床廠全資收購德國阿爾道夫・瓦德里希科堡公司。

二〇〇六年七月，杭州機床集團和德國abaz&b磨床有限公司簽訂協議，以六百萬歐元收購後者六十%的股權。德國abaz&b磨床公司是歐洲四大磨床製造企業之一，而杭州機床集團則是國內同行業十強之一。

以上所有被收購的公司都擁有悠久的歷史、強大的技術、公認的品牌、現成的客戶基礎以及廣泛的分銷網路。然而，它們的盈利能力受到來自日益激烈的全球競爭的威脅，缺乏規模和投資資金去維持它們的技術和品牌優勢。儘管整合困難重重，但它們為中國企業提升能力提供了一個良好的基礎。

當然，海外購並對中國企業是全新的挑戰，TCL、明基的失利就是最好的警鐘。但是，這是中國企業必須掌握的一項核心能力，即使必須付出高額的學費。

全球產業新格局

能否將一家老牌跨國公司的優勢——它的技術、系統、品牌和經驗，以及其現有子公司的分佈，與新興中國公司建立的成本創新優勢結合起來？這種組合在全球性的競爭中應該是一種無敵的力量。誰先建立這樣的優勢，誰就最有可能引領未來產業的發展。正是為了搶占這樣的制高點，跨國公司加速了在中國的擴張，中國企業加速了全球擴張，購併和聯盟也將越來越普遍。

通信行業的快速整合很有可能成為未來的樣板。

二〇〇三年，華為和3Com公司一起組建了一家合資公司，為全球市場提供通信設備，該公司五十一%的股份由華為擁有四十九%由3Com擁有。通過力量的聯合，這兩個合作夥伴希望提升它們的能力，從這個行業的全球主要玩家思科手上奪取市場份額。

華為帶來了它的成本創新型產品線、在發展中國家中有力的市場份額、成本競爭型服務能力以及設計和工程資源。3Com貢獻了自己的世界知名品牌、一個廣泛的全球分銷網路、對美國和歐洲客戶的詳細瞭解和一系列配套產品以及一・六五億美元的融資。

這種結合已被證明是有效的：3Com公司執行副總裁兼首席財務官唐・霍爾斯特德（Don Halsted）指出，在截至二〇〇五年九月三十日的一個季度裡，華為3Com合資企業的收入是一・一一億美元，同比增幅達六十九%。他表示，其共同開發的五五〇〇系列三層交換機的銷量顯著增長。3Com公司總裁兼首席執行官布魯斯・克拉夫林（Bruce Claflin）表示，華為3Com目前雇用的員工超過三萬四千名，其中超過半數是工程師。他還說，「隨著工程技術人才的增加，合資公司已經承擔了更多的任務去為

3Com 開發基礎產品。」對 3Com 來說，這個全球聯盟提供了利用成本創新的途徑，恢復並擴大了它的產品系列，使其多年來第一次能夠有效地與思科競爭。對華為來說，該聯盟有助於加快其產品和技術在全球的普及，尤其是在歐洲和美國，增加了它的聲譽，還提供了新的學習資源去學習如何建立和管理一家有戰鬥力的跨國公司。

有趣的是，華為與 3Com 的結盟，使它們各自的競爭對手——中興與思科，也不得不走到了一起。

二〇〇五年十一月，中興和思科決定合作生產第三代移動電話網絡設備和下一代通信網路（NGN）產品。它們的共同目標是：將一條生產線和成套的能力匯集起來，在全球市場打敗華為 3Com 聯盟。此外，思科和中興通信的產品和技術大多是互補的：思科在固網路由器和網路設備上佔據優勢地位，而中興在無線技術方面力量雄厚。思科擁有全球品牌知名度和龐大的分銷網路，但在亞洲和發展中國家市場中的力量相對薄弱，而中興則在這些市場與當地的電信運營商建立了強大的聯繫。

相較於這兩大聯盟，餘下的一些玩家如諾基亞的網路設備公司（相對它的手機業務）和西門子的電信業務看起來規模較小，技術也不全面，還缺乏新興中國公司所擁有的、在全球競爭中必需的優勢。二〇〇五年十月，諾基亞首次做出回應，與中國普天成立一個一・一億美元的聯盟。新的合資企業五十一％的股份由中國普天持有，剩餘的四十九％由諾基亞持有，公司著重進行第三代移動通信網路設備的研發、製造和行銷。它提供了一個機會，將成本創新和低成本的設計、工程及研發能力注入到諾基亞的電信設備業務中去。諾基亞的下一步將其網路設備業務與西門子的網路設備業務合併，於二〇〇六年六月創建了一家合資企業。西門子本身已與華為在二〇〇四年二月成立了一個聯盟，對第三代移動通信設備共同進行研究、開發、行銷和服務。

二〇〇六年四月，電信設備製造商阿爾卡特（Alcatel）和朗訊（Lucent）敲定合併的細節，成立一家價值二百五十四億美元的公司。阿爾卡特很久以前就與上海貝爾以五十比五十的合資比例研製和生產電信設備。通過上海貝爾——阿爾卡特（ASB）這家公司，合資夥伴們吸收中國的低成本創新、研發與製造能力，從而在它們稱之為「微利時代」的市場裡提高了競爭力。**ASB**對阿爾卡特二十％左右的研發工作和各出資公司超過十%的世界專利負責，但它的研發人員的平均成本只有歐洲水平的二十七%左右。ASB還完善了以低成本提供多種產品的技巧：它在二〇〇五年生產了超過八百種產品，而在二〇〇二年這一數字僅為一百種。ASB的研發中心目前已有超過兩千名員工，它也被完全歸併到阿爾卡特的全球技術資料庫和網路中去了。

阿爾卡特與朗訊的合併終於在二〇〇六年十二月完成。中國在其全球戰略中的關鍵作用被強調，公司首席執行官派特立夏・盧梭（Patricia Russo）稱，該公司將「把中國作為全球研究和開發的一個戰略基地……那裡有一萬名大陸員工，其中四十%是工程師」。在同一周，該公司與中國的大唐電信科技集團重新簽訂了聯盟協定，為3G設備的進一步發展進行投資。

回到華為3Com的案例。二〇〇五年十月，合作兩年期滿，3Com按照當初的約定，行使其選擇權，以兩千八百萬美元的價格收購華為3Com公司二%的股份，持有華為3Com公司五十一%股份，從而成控股股東。這意味著公司整體作價已達十四億美元。短短兩年，投資已大幅增值。

二〇〇六年，華為銷售收入為七．一二億美元，連續三年保持七十%左右的同比增長，近五千名員工中一半以上為研發人員。

根據協定二〇〇六年十一月十五日開始，華為和3Com兩家公司均有權設立競購程式，購買對方所持股份。

二〇〇六年十一月，3Com宣佈已經同華為達成協定，將以八．八二億美元的價格收購後者在合資公司華為3Com持有的四十九%股份。二〇〇七年三月，3Com剛剛完成了從華為手中收購杭州華三通信技術有限公司四十九%的股權，從而全資擁有了這家原本與華為合資的公司。

二〇〇七年九月二十八日，貝恩資本與華為宣佈，雙方將合組公司，斥資二十二億美元全面收購3Com公司；貝恩資本將持股八十三．五%，華為將持股十六．五%。作為這一交易的一部分，華為也將通過在香港的全資子公司收購3Com的少數股份，並與3Com建立商業和戰略合作夥伴關係。從合資到最後的購併，華為不但實現了投資的大增值，而且完成了產業整合。

因此，我們在這個行業所見到的是少數在全球互相競爭的結盟網路的出現。每個聯盟的核心是一個或多個擁有專利技術、品牌、分銷網路、知識和經驗的跨國公司，但這個聯盟也必須在中國牢牢紮根。由於全球競爭規則的變化，成本創新必須作為一種新的力量注入到全球聯盟中去，這種額外的力量將提高聯盟的全球競爭力。全球競爭正轉化成一場巨人之間的戰爭：其中一方是有中國玩家參與的全球聯盟網路。

像北電網路這樣的玩家無法獨立應對全球聯盟的規模和不同的能力組合，這種組合也包括這些聯盟享有的成本創新能力，因此，當巨人們在市場相遇時，它們有可能被逐步擠出遊戲之外。正如ASB的中國區總裁所言：「如果上海貝爾和阿爾卡特仍為它們自己而戰鬥，也許沒有人能夠生存到現在。只有將雙方的優點結合進ASB，我們才能夠應付當前市場情況的挑戰。」因此，北電網路在二〇〇六年二月宣佈與華為結盟、為網路通信市場合作開發高速寬頻設備並不令人驚訝。

中國企業的成本創新正在改變全球的遊戲規則。成本創新的能力必須成為未來任何成功企業的基本功。那些無法通過購併和聯盟將中外企業各自優勢充分展現的公司，將最先被淘汰出市場，直到最後只剩聯盟來繼續這場巨人間的遊戲。中國企業最大的機會就是成為這種新型聯盟的核心。

第十一章

對一個流行判斷的回應

一個很樂觀的判斷是，十年後，「中國創造」的企業最有可能在新能源、環保等領域出現。

一個流行判斷

近年來，隨著國際政治經濟環境的變化、對全球化的反思等，中國製造被普遍認為面臨一道競爭力之「坎」。

流行觀點認為，中國經濟的迅速崛起，有很大一部分是透支目前的人口紅利、環境紅利、農村紅利、政策紅利等。而這種透支，現在已經出現了無法持續的徵兆。

通常所說的這些危機，包括人民幣升值、勞動力成本上升、環境成本增加等。

第一，人民幣升值

在重重國際壓力之下，人民幣升值問題討論曾持續多年，直到二〇〇五年七月二十一日晚，央行突然宣佈，中國開始實行有管理的浮動匯率制度，人民幣匯率不再盯住單一美元，人民幣升值二%。

從改革開放初期一直到匯率並軌前，人民幣匯率總的趨勢是貶值。一九九四年匯率並軌且官方匯率一次性大幅度貶值。此後，人民幣匯率基本穩定，略有升值。到一九九七年東南亞金融危機時，中國面臨很大的人民幣貶值壓力，而自那時起，中國政府強硬地選擇了「人民幣匯率不變」。

盯住美元的匯率制度一直持續多年，直到這一次人民幣放棄掛鈎美元，並參考一籃子貨幣，這一標誌性事件成為了中國匯改的一個里程碑。

人民幣匯率從一九八一年以前的一美元兌兩元人民幣，到後來的一美元兌約八・三元人民幣，二〇〇七年七月是一美元兌約七・六元人民幣，且依然處在升值之中。以美國為首的一些國家對這樣的升值幅度並不滿意，時時通過各種方式施壓以迫使人民幣更快升值。

升值對出口企業的影響一時成為媒體的一個重要主題。多年來，中國製造一向被稱為「價格殺手」。在慘烈的血拚之中，價格已被拉低到成本線附近，而利潤空間被一再壓縮，甚至要靠出口退稅部分來支撐。倘若人民幣升值，而諸如沃爾瑪之類的管道商與零售商並不願意共同分擔，「中國製造」壓力就會倍增。

第二，勞動力成本上升

幾乎是一夜之間，一個新的名詞在中國激起廣泛討論：民工荒。

在過去，勞動力優勢一直被廣泛認為是中國經濟崛起的重要原因。這個優勢的表現在於兩個方面：數量巨大、成本低廉。

數以億計的中青年農民從農村湧入城市，從田間走進工廠，通常被冠以「源源不斷」、「取之不竭、用之不盡」之類的形容詞。

數十年來，中國企業為這些數量龐大的農民工支付的，只是低廉的價格。有調查表明，沿海地區農民工工資在十年來幾乎未曾得到提高，扣除通貨膨脹因素後，農民工工資增長為負數。人口紅利一度成為中國經濟之謎的謎底。

但是從二〇〇四年開始，在經濟較為發達、工廠密集的東南沿海地區，罕見地出現了農民工短缺的現象。工廠第一次為招不到工人而焦灼不已，農民工工資第一次得到提高。許多位工廠主都說，「工人現在是寶貝。」

直到今天，即使在引起全社會普遍注意、政府也想盡辦法的情況下，農民工短缺的現象依然在持續。無論在長三角還是珠三角，農民工工資以每年一兩百元的速度在不斷增長。現在一個普通工人每月工資也至少在一千元以上。

第三，環境成本增加

中國目前以出口和投資拉動的粗放型經濟增長，使中國的資源和環境付出了很大的代價。據世界銀行估計，中國每年有七十五萬人因污染（主要是大城市的空氣污染）而早亡。中國近六十%的城市空氣污染水平至少是美國平均水平的兩倍，是世界衛生組織（WHO）推薦水平的五倍。

隨著人們環保意識的覺醒，和政府日漸增強的治理決心，這樣的狀況正在發生改變，企業不得不為了環境而支付更多。

二〇〇七年在太湖流域，時任江蘇省委書記李源潮表態說，要以最嚴格的環境保護制度整治太湖污染，哪怕GDP下降十五%。無錫市政府則決定二〇〇八年底前關閉七百七十二家小化工企業，確保化工企業整治行動三年任務兩年完成，並且進一步加快產業結構升級和轉移。

在煤炭第一大省山西，過去無償取得的煤炭資源從二〇〇五年七月份起開始必須是有償取得，企業需要依據煤炭的埋藏儲量為資源繳納通常高達數千萬元的費用。同時，環境資源稅改革也正在緊鑼密鼓的進行之中。

「或許，在目前中國還處於年富國強的青壯年期，中國還能以各種紅利為全球經濟『打工』，但是一旦中國年老色衰，這些紅利也將消失，到時誰又來贍養中國呢？」《金融時報》發出了這樣的疑問。

D應

這些真實的擔憂可能並不足以動搖對中國製造未來的信心。中國的出口導向、外資驅動發展戰略曾經是十分成功的戰略。只是，現在形勢已經變化，事實上，人民幣升值已經成為無法回避的事實。對於企業來說，重要的事情是「丟掉幻想，準備戰鬥」。而對中國經濟來說，儘管人民幣升值會帶來陣痛，但升值意味著中國貨幣走強，國力增強，符合中國自身的長遠利益。中國公眾需要改變觀念，就像德國人往往把升值看成是督促企業提高生產效率的「鞭子」一樣，而中國市場自身的高速發展將成為經濟發展的重要動力。

勞動力成本上升，正是因為改革開放以來，中國生產率不斷得到提高，人們的收入理應水漲船高，否則這樣的增長將失去合理性。

至於環境成本增加，則是對過去資源價格不合理、隱性成本外部化後的矯正。

這些「危機」，恰恰是中國實現增長模式戰略性轉變的重要催化劑。這些變化有利於企業效率的提高，有利於資源的優化配置，將為中國經濟的長遠發展帶來長足動力。

這些因素實際上會加速成本創新戰略的發展。企業的低成本將更多地依靠技術創新，而不是簡單的低要素成本投入。我們一個很樂觀的判斷是，十年後，「中國創造」的企業最有可能在新能源、環保等領域出現。因為中國企業面臨巨大的變革壓力，又沒有技術包袱，最有可能率先採用顛覆性的新技術，同時利用中國巨大的市場規模，把新技術的性價比帶到大眾市場可以接受的程度，從而成為這些新興行業的領跑者。那將是中國製造的第三波。

根本性的挑戰

然而，新興中國企業仍然面對著一系列艱巨的挑戰。

在宏觀上，國家經濟政策依然存在變數，最為直接的影響之一便是產業政策。一個典型的例子發生在鋼鐵行業。隨著國家頒佈產業政策，集中成為行業發展的主題詞，許多民營企業只能等待被吞併的命運。

本土的資本市場仍無法提供高效的融資支援——雖然風險投資和私人股權資本都增長迅速，但國內ＩＰＯ市場仍缺乏效率。

職業教育體系也有很大的漏洞。中等職業培訓無論是數量還是質量都遠遠低於製造業的要求，技術工人的短缺已成為多年瓶頸。

在微觀層面，如前文所提及，中國企業目前僅在流水生產線上的管理效率比較高，供應鏈、品牌和研發的管理仍不成熟，國際化人才和中高端人才極度匱乏，缺乏品牌和核心技術，而上游的資源擁有者的議價能力越來越強，下游的品牌制約也越來越大，這些都將制約中國企業未來的增長。而全球化管理的挑戰更是一個巨大的壁壘。

第十二章

結論：生存在成本創新的世界裡

無論是通過購併、聯盟，還是自身的發展，中國企業必須成為這樣的全球新網路中重要的一環。

「成本創新」聽起來像是一種矛盾，在商業世界裡，我們中的大部分人都習慣將提供功能更多、複雜度更高的產品與創新聯繫起來。但事實上，成本創新打破了傳統智慧，這也正是它有可能改寫全球競爭現有規則的原因。它不只是另一次管理時尚，有兩個相互關聯的原因使我們相信它將對世界市場產生重大而持續的影響。

第一個理由是，如果沒有一種壓低產品及服務成本的壓力，十三億人口（包括八億潛在的活躍勞動力）不能從經濟孤立中走出來，變為世界經濟的一個組成部分。而始於一九七八年的中國對外開放的這一過程，還有很長的一段路要走：至少還有五億中國人仍需要從低效的農業中解脫出來，受雇於高效的製造業和服務業。我們甚至還沒有將印度和其他發展中國家未來幾十年裡數億人口可能經歷這種轉變考慮在內。當這些轉變在繼續，而我們也沒有什麼理由認為它們將停止下來的時候，拉低成本的壓力將在宏觀層面上持續下去。

第二個原因是，這些新工人除了利用他們自己的頭腦和體力，還可以利用世界所積聚的知識和技術，後者的利用比例在不斷提高，因為在二十一世紀，正如湯瑪斯·弗里德曼所言，「世界是平的」。正是這個獲取和吸收新技術的新機會，使中國產業的生產力自一九九五年以來一直以每年約十七%的速度增長（不包括由國家直接提供的公共服務）。

當這兩種根深蒂固的趨勢——一種對成本的持續向下的壓力和一個獲取全世界知識的發展中的機會——結合在一起時，成本創新作為一種結果出現也許就並不奇怪了。

由於大量人才可以以比世界其他地方更便宜的價格在中國獲得，他們使中國公司能夠進行成本創新，而不是簡單地把產品價格定在低水平上。如將高科技引入對價格敏感的大眾市場，以低成本向買家提供多樣化和定制產品等，各種戰略紛紛出現，中國企業開始在全球市場上贏得一席之地。

早在一九〇六年，亨利・福特用他的「T」型車向客戶提供了無與倫比的經濟價值，但客戶們可以選擇「任何你喜歡的顏色，只要它是黑色」。一百年後，上海振華港機（集團）公司的銷售口號則是「無論客戶有什麼需要，我們都將滿足」。對它的競爭對手來說，糟糕的是這絕非空洞的口號——它可以在接到諮詢的二十個小時內為客戶度身定制出一個初步的技術方案，同時保持其成本優勢，結果它現在成為該行業裡占據優勢的世界級玩家。

就像一個拆積木遊戲，跨國公司不斷地往上壘，中國企業卻因為占據了更為堅實的底部，可以積蓄足夠的力量一塊塊從容拆走前者的戰果。

通過認識這些事實，我們得出以下的結論：中國企業在世界舞台的出現將從根本上動搖全球競爭格局。當塵埃落定時，世界將會落到這樣一個新的均衡：

1. 提供給全球消費者的經濟價值方程式已經被中國競爭者改寫，他們以低廉的價格提供高科技、多樣性和專業化產品。性價比的重要性被提到一個前所未有的高度。

2.成本創新能力也因此成為競爭優勢的一個關鍵來源。

3.全球產業格局將發生根本性的變化。企業必須在全球整合資源。中國的成本創新必須和跨國公司現有的品牌、技術、渠道等優勢有機地結合起來，無論是通過購併、聯盟，還是自身的發展。中國企業必須成為這樣的全球新網路中重要的一環。

下一個十年，中國將首次有可能誕生本土的世界級企業。這將是黃金的十年。但機遇並非屬於每個人，最後的勝出者，一定是有使命感、有全球的視野與高度，對新的遊戲規則有清醒的認識，並為此做好充分準備的人。

龍行天下

跋

過去十年是「中國製造」的黃金十年，未來十年是退回「黃銅的十年」還是走向「鑽石的十年」，讀了本書深感兩種可能性同時存在，關鍵是中國製造在「鑽石」般的透明度下（尤其是成本的透明），如果沒有鑽石的剛度，很可能會像玻璃一樣脆弱。

那「中國製造」未來十年的剛度來自何處？首先是中國中小企業主動地、直接地融入全球化，利用資訊化武裝自己。i-Phone 的蘋果研究院要到二〇〇八年十二月才能完成的 i-Phone 漢化開發功能，在互聯網上中國「地下研發力量」一轉眼就通過分包完成了！同樣的模式，在產品設計、零配件配套、原材料採購等方面，都能夠以全國化、全球化的「螞蟻兵團」來完成。過去十年的全球化的成果是被沃爾瑪甚至聯想這樣的大採購方和大生產方所獲取，中小企業更多地成為全球化的受害者。「黃金十年」是「中國製造」圍繞全球大公司展開，未來十年是全世界中小企業聯合起來。

衛哲

其次，剛度來源於進一步發揮中小企業的船小好掉頭的靈活性，關鍵是掉頭的方向要對頭，即滿足消費者更為個性化的需求，要做到這一點也要靠資訊化的武裝。只有高度資訊化才能用極低的成本捕捉到消費者的個性化需求，並把個性化需求聚集成符合中小企業的生產規模，通過適度規模的個性化訂製，賺取合理的個性化溢價。

《龍行天下》創見性地提出了「成本創新」——窮人的創新的解決方法，對深陷價格戰泥沼的中國中小企業來說不啻為救世的福音。無論讀者公司規模大小、職務級別高低，都能從書中宏觀、中觀、微觀中找到自我，找到提升自我的捷徑！

[10] "In Brief." Harvard Business School Bulletin. 2007.

[11] David Blanchard. "The Cost of Doing Low-Cost Business." Industry Week. 2007.

[12] William Holstein. "U.S. Faces Wave of Competition From Abroad." The International Herald Tribune. 2007.

[13] Great review quote "Business Owners and Any Interested in Global Politics and Economics Must Have This Analysis" MidWest Book Review. 2007.

[14] William Holstein. "Emerging Markets, Emerging Giants." New York Times. 2007.

[15] David K. Hurst. "A Timely Book." Strategy+Business. 2007.

參考文獻

[1] “Well-argued Book” European Business. 2007.

[2] Thomas Hoffman. “The Grill: China Expert Peter J. Williamson on the Hot Seat.” Computer World. 2007.

[3] Roger Trapp. “Responding to a New World Order Requires Some Radical Thinking.” The Independent. 2007.

[4] Bob Brinker. Peter Williamson was on ABC radio, Bob Binker’ s Money Talk. 2007.

[5] Thomas Duff. Review of Book Posted on Amazon. “Utterly Fascinating Book.” Amazon. 2007.

[6] Sharon Shinn. Positive review of book in special sidebar with cover art and dragons design. BizEd. 2007.

[7] “What’ s the Best Business Book You’ ve Read Lately?” Conference Board. 01-Nov-07.

[8] Jeffrey Marshall. “Bookshelf” Financial Executive. 2007.

[9] Mike Pehanich. “Made in China.” Fishing Tackl Retailer. 2007.

大都會文化圖書目錄

●度小月系列

路邊攤賺大錢【搶錢篇】	280 元	路邊攤賺大錢 2【奇蹟篇】	280 元
路邊攤賺大錢 3【致富篇】	280 元	路邊攤賺大錢 4【飾品配件篇】	280 元
路邊攤賺大錢 5【清涼美食篇】	280 元	路邊攤賺大錢 6【異國美食篇】	280 元
路邊攤賺大錢 7【元氣早餐篇】	280 元	路邊攤賺大錢 8【養生進補篇】	280 元
路邊攤賺大錢 9【加盟篇】	280 元	路邊攤賺大錢 10【中部搶錢篇】	280 元
路邊攤賺大錢 11【賺翻篇】	280 元	路邊攤賺大錢 12【大排長龍篇】	280 元

● DIY 系列

路邊攤美食 DIY	220 元	嚴選台灣小吃 DIY	220 元
路邊攤超人氣小吃 DIY	220 元	路邊攤紅不讓美食 DIY	220 元
路邊攤流行冰品 DIY	220 元	路邊攤排隊美食 DIY	220 元

●流行瘋系列

跟著偶像 FUN 韓假	260 元	女人百分百—男人心中的最愛	180 元
哈利波特魔法學院	160 元	韓式愛美大作戰	240 元
下一個偶像就是你	180 元	芙蓉美人泡澡術	220 元
Men 力四射—型男教戰手冊	250 元	男體使用手冊— 35 歲+♂保健之道	250 元
想分手？這樣做就對了！	180 元		

●生活大師系列

遠離過敏—打造健康的居家環境	280 元	這樣泡澡最健康—紓壓・排毒・瘦身三部曲	220 元
兩岸用語快譯通	220 元	台灣珍奇廟—發財開運祈福路	280 元
魅力野溪溫泉大發見	260 元	寵愛你的肌膚—從手工香皂開始	260 元
舞動燭光—手工蠟燭的綺麗世界	280 元	空間也需要好味道—打造天然香氛的 68 個妙招	260 元
雞尾酒的微醺世界—調出你的私房 Lounge Bar 風情	250 元	野外泡湯趣—魅力野溪溫泉大發見	260 元
肌膚也需要放輕鬆—徜徉天然風的 43 項舒壓體驗	260 元	辦公室也能做瑜珈—上班族的紓壓活力操	220 元
別再說妳不懂車—男人不教的 Know How	249 元	一國兩字—兩岸用語快譯通	200 元

宅典	288 元	超省錢浪漫婚禮	250 元

●寵物當家系列

Smart 養狗寶典	380 元	Smart 養貓寶典	380 元
貓咪玩具魔法 DIY—讓牠快樂起舞的 55 種方法	220 元	愛犬造型魔法書—讓你的寶貝漂亮一下	260 元
漂亮寶貝在你家—寵物流行精品 DIY	220 元	我的陽光 · 我的寶貝—寵物真情物語	220 元
我家有隻麝香豬—養豬完全攻略	220 元	SMART 養狗寶典（平裝版）	250 元
生肖星座招財狗	200 元	SMART 養貓寶典（平裝版）	250 元
SMART 養兔寶典	280 元	熱帶魚寶典	350 元
Good Dog—聰明飼主的愛犬訓練手冊	250 元		

●人物誌系列

現代灰姑娘	199 元	黛安娜傳	360 元
船上的 365 天	360 元	優雅與狂野—威廉王子	260 元
走出城堡的王子	160 元	殞逝的英格蘭玫瑰	260 元
貝克漢與維多利亞—新皇族的真實人生	280 元	幸運的孩子—布希王朝的真實故事	250 元
瑪丹娜—流行天后的真實畫像	280 元	紅塵歲月—三毛的生命戀歌	250 元
風華再現—金庸傳	260 元	俠骨柔情—古龍的今生今世	250 元
她從海上來—張愛玲情愛傳奇	250 元	從間諜到總統—普丁傳奇	250 元
脫下斗篷的哈利—丹尼爾 · 雷德克里夫	220 元	蛻變—章子怡的成長紀實	260 元
強尼戴普—可以狂放叛逆，也可以柔情感性	280 元	棋聖 吳清源	280 元
華人十大富豪—他們背後的故事	250 元	世界十大富豪—他們背後的故事	250 元

●心靈特區系列

每一片刻都是重生	220 元	給大腦洗個澡	220 元
成功方與圓—改變一生的處世智慧	220 元	轉個彎路更寬	199 元
課本上學不到的 33 條人生經驗	149 元	絕對管用的 38 條職場致勝法則	149 元
從窮人進化到富人的 29 條處事智慧	149 元	成長三部曲	299 元
心態—成功的人就是和你不一樣	180 元	當成功遇見你—迎向陽光的信心與勇氣	180 元
改變，做對的事	180 元	智慧沙	199 元（原價 300 元）
課堂上學不到的 100 條人生經驗	199 元（原價 300 元）	不可不防的 13 種人	199 元（原價 300 元）
不可不知的職場叢林法則	199 元（原價 300 元）	打開心裡的門窗	200 元

不可不慎的面子問題	199 元（原價 300 元）	交心—別讓誤會成為拓展人脈的絆腳石	199 元
方圓道	199 元	12 天改變一生	199 元（原價 280 元）
氣度決定寬度	220 元	轉念—扭轉逆境的智慧	220 元
氣度決定寬度 2	220 元	逆轉勝—發現在逆境中成長的智慧	199 元（原價 300 元）

●SUCCESS 系列

七大狂銷戰略	220 元	打造一整年的好業績—店面經營的 72 堂課	200 元
超級記憶術—改變一生的學習方式	199 元	管理的鋼盔—商戰存活與突圍的 25 個必勝錦囊	200 元
搞什麼行銷— 152 個商戰關鍵報告	220 元	精明人聰明人明白人—態度決定你的成敗	200 元
人脈 = 錢脈—改變一生的人際關係經營術	180 元	週一清晨的領導課	160 元
搶救貧窮大作戰？ 48 條絕對法則	220 元	搜驚 ・ 搜精 ・ 搜金 —從 Google 的致富傳奇中，你學到了什麼？	199 元
絕對中國製造的 58 個管理智慧	200 元	客人在哪裡？—決定你業績倍增的關鍵細節	200 元
殺出紅海—漂亮勝出的 104 個商戰奇謀	220 元	商戰奇謀 36 計—現代企業生存寶典 I	180 元
商戰奇謀 36 計—現代企業生存寶典 II	180 元	商戰奇謀 36 計—現代企業生存寶典 III	180 元
幸福家庭的理財計畫	250 元	巨賈定律—商戰奇謀 36 計	498 元
有錢真好！輕鬆理財的 10 種態度	200 元	創意決定優勢	180 元
我在華爾街的日子	220 元	贏在關係—勇闖職場的人際關係經營術	180 元
買單！一次就搞定的談判技巧	199 元（原價 300 元）	你在說什麼？—39 歲前一定要學會的 66 種溝通技巧	220 元
與失敗有約 —13 張讓你遠離成功的入場券	220 元	職場 AQ —激化你的工作 DNA	220 元
智取—商場上一定要知道的 55 件事	220 元	鏢局—現代企業的江湖式生存	220 元
到中國開店正夯《餐飲休閒篇》	250 元	勝出！—抓住富人的 58 個黃金錦囊	220 元
搶賺人民幣的金雞母	250 元	創造價值—讓自己升值的 13 個秘訣	220 元

●都會健康館系列

秋養生—二十四節氣養生經	220 元	春養生—二十四節氣養生經	220 元
夏養生—二十四節氣養生經	220 元	冬養生—二十四節氣養生經	220 元
春夏秋冬養生套書	699 元（原價 880 元）	寒天—0 卡路里的健康瘦身新主張	200 元
地中海纖體美人湯飲	220 元	居家急救百科	399 元（原價 550 元）

病由心生─365天的健康生活方式	220元	輕盈食尚─健康腸道的排毒食方	220元
樂活，慢活，愛生活─健康原味生活501種方式	250元	24節氣養生食方	250元
24節氣養生藥方	250元	元氣生活─日の舒暢活力	180元
元氣生活─夜の平靜作息	180元		

● CHOICE 系列

入侵鹿耳門	280元	蒲公英與我─聽我說說畫	220元
入侵鹿耳門（新版）	199元	舊時月色（上輯＋下輯）	各180元
清塘荷韻	280元	飲食男女	200元
梅朝榮品諸葛亮	280元		

● FORTH 系列

印度流浪記─滌盡塵俗的心之旅	220元	胡同面孔─ 古都北京的人文旅行地圖	280元
尋訪失落的香格里拉	240元	今天不飛─空姐的私旅圖	220元
紐西蘭奇異國	200元	從古都到香格里拉	399元
馬力歐帶你瘋台灣	250元	瑪杜莎艷遇鮮境	180元

●大旗藏史館

大清皇權遊戲	250元	大清后妃傳奇	250元
大清官宦沉浮	250元	大清才子命運	250元
開國大帝	220元	圖說歷史故事─先秦	250元
圖說歷史故事─秦漢魏晉南北朝	250元	圖說歷史故事─隋唐五代兩宋	250元
圖說歷史故事─元明清	250元	中華歷代戰神	220元
圖說歷史故事全集	880元（原價1000元）	人類簡史─我們這三百萬年	280元

●大都會運動館

野外求生寶典─活命的必要裝備與技能	260元	攀岩寶典─安全攀登的入門技巧與實用裝備	260元
風浪板寶典─駕馭的駕馭的入門指南與技術提升	260元	登山車寶典─鐵馬騎士的駕馭技術與實用裝備	260元
馬術寶典─騎乘要訣與馬匹照護	350元		

●大都會休閒館

賭城大贏家—逢賭必勝祕訣大揭露	240 元	旅遊達人—行遍天下的 109 個 Do & Don't	250 元
萬國旗之旅—輕鬆成為世界通	240 元		

●大都會手作館

樂活，從手作香皂開始	220 元	Home Spa & Bath —玩美女人肌膚的水嫩體驗	250 元

●世界風華館（新系列）

環球國家地理 · 歐洲（黃金典藏版）	250 元	環球國家地理 · 亞洲 · 大洋洲（黃金典藏版）	250 元

● BEST 系列

人脈 = 錢脈—改變一生的人際關係經營術（典藏精裝版）	199 元	超級記憶術—改變一生的學習方式	220 元

● FOCUS 系列

中國誠信報告	250 元	中國誠信的背後	250 元
誠信—中國誠信報告	250 元	龍行天下—中國製造未來十年新格局	250 元

●禮物書系列

印象花園 梵谷	160 元	印象花園 莫內	160 元
印象花園 高更	160 元	印象花園 竇加	160 元
印象花園 雷諾瓦	160 元	印象花園 大衛	160 元
印象花園 畢卡索	160 元	印象花園 達文西	160 元
印象花園 米開朗基羅	160 元	印象花園 拉斐爾	160 元
印象花園 林布蘭特	160 元	印象花園 米勒	160 元
絮語說相思 情有獨鍾	200 元		

●工商管理系列

二十一世紀新工作浪潮	200 元	化危機為轉機	200 元
美術工作者設計生涯轉轉彎	200 元	攝影工作者快門生涯轉轉彎	200 元
企劃工作者動腦生涯轉轉彎	220 元	電腦工作者滑鼠生涯轉轉彎	200 元

打開視窗說亮話	200 元	文字工作者撰錢生活轉轉彎	220 元
挑戰極限	320 元	30 分鐘行動管理百科（九本盒裝套書）	799 元
30 分鐘教你自我腦內革命	110 元	30 分鐘教你樹立優質形象	110 元
30 分鐘教你錢多事少離家近	110 元	30 分鐘教你創造自我價值	110 元
30 分鐘教你 Smart 解決難題	110 元	30 分鐘教你如何激勵部屬	110 元
30 分鐘教你掌握優勢談判	110 元	30 分鐘教你如何快速致富	110 元
30 分鐘教你提昇溝通技巧	110 元		

●精緻生活系列

女人窺心事	120 元	另類費洛蒙	180 元
花落	180 元		

● CITY MALL 系列

別懷疑！我就是馬克大夫	200 元	愛情詭話	170 元
唉呀！真尷尬	200 元	就是要賴在演藝圈	180 元

●親子教養系列

孩童完全自救寶盒（五書 + 五卡 + 四卷錄影帶）	3,490 元（特價 2,490 元）	孩童完全自救手冊—這時候你該怎麼辦（合訂本）	299 元
我家小孩愛看書—Happy 學習 easy go ！	200 元	天才少年的 5 種能力	280 元
哇塞！你身上有蟲！—學校忘了買、老師不敢教，史上最髒的科學書	250 元		

龍行天下——中國製造未來十年新格局

作　　者　曾鳴 & 彼得・J・威廉森（Peter J. Williamson）

發 行 人　林敬彬
主　　編　楊安瑜
編　　輯　蔡穎如
美術編排　帛格有限公司
封面設計　Chris' Office

出　　版　大都會文化事業有限公司　行政院新聞局北市業字第89號
發　　行　大都會文化事業有限公司
110台北市信義區基隆路一段432號4樓之9
讀者服務專線：(02)27235216
讀者服務傳真：(02)27235220
電子郵件信箱：metro@ms21.hinet.net
網　　　址：www.metrobook.com.tw

郵政劃撥　14050529 大都會文化事業有限公司
出版日期　2008年7月初版一刷
定　　價　250元
I S B N　978-986-6846-41-0
書　　號　Focus-004

Metropolitan Culture Enterprise Co., Ltd.
4F-9, Double Hero Bldg., 432, Keelung Rd., Sec. 1,
Taipei 110, Taiwan
Tel:+886-2-2723-5216　Fax:+886-2-2723-5220
E-mail:metro@ms21.hinet.net
Web-site:www.metrobook.com.tw

◎本書由機械工業出版社北京華章圖文信息有限公司授權繁體字版之出版發行。
◎本書如有缺頁、破損、裝訂錯誤，請寄回本公司更換。

大都會文化 METROPOLITAN CULTURE　大都會文化

國家圖書館出版品預行編目資料

龍行天下：中國製造未來十年新格局 / 曾鳴, 彼得J.威廉森 (Peter J. Williamson) 合著 -- 初版. -- 臺北市：大都會文化, 2008.7
面； 公分. -- (Focus；4)

ISBN 978-986-6846-41-0 (平裝)

1.經濟發展　2.趨勢研究　3.中國

552.2　　97010879

大都會文化　讀者服務卡

書名：**龍行天下**—中國製造未來十年新格局

謝謝您選擇了這本書！期待您的支持與建議，讓我們能有更多聯繫與互動的機會。

A. 您在何時購得本書：______年______月______日

B. 您在何處購得本書：____________書店，位於____________(市、縣)

C. 您從哪裡得知本書的消息：

1.□書店　2.□報章雜誌　3.□電台活動　4.□網路資訊

5.□書籤宣傳品等　6.□親友介紹　7.□書評　8.□其他

D. 您購買本書的動機：（可複選）

1.□對主題或內容感興趣　2.□工作需要　3.□生活需要

4.□自我進修　5.□內容為流行熱門話題　6.□其他

E. 您最喜歡本書的：（可複選）

1.□內容題材　2.□字體大小　3.□翻譯文筆　4.□封面　5.□編排方式　6.□其他

F. 您認為本書的封面：1.□非常出色　2.□普通　3.□毫不起眼　4.□其他

G. 您認為本書的編排：1.□非常出色　2.□普通　3.□毫不起眼　4.□其他

H. 您通常以哪些方式購書：(可複選)

1.□逛書店　2.□書展　3.□劃撥郵購　4.□團體訂購　5.□網路購書　6.□其他

I. 您希望我們出版哪類書籍：（可複選）

1.□旅遊　2.□流行文化　3.□生活休閒　4.□美容保養　5.□散文小品

6.□科學新知　7.□藝術音樂　8.□致富理財　9.□工商企管　10.□科幻推理

11.□史哲類　12.□勵志傳記　13.□電影小說　14.□語言學習（_____語）

15.□幽默諧趣　16.□其他

J. 您對本書(系)的建議：

____

K. 您對本出版社的建議：

____

讀者小檔案

姓名：______________ 性別：□男　□女　生日：____年____月____日

年齡：□20歲以下 □21～30歲 □31～40歲 □41～50歲 □51歲以上

職業：1.□學生 2.□軍公教 3.□大眾傳播 4.□服務業 5.□金融業 6.□製造業

7.□資訊業 8.□自由業 9.□家管 10.□退休 11.□其他

學歷：□國小或以下 □國中 □高中／高職 □大學／大專 □研究所以上

通訊地址：____________________________________

電話：（H）______________（O）______________ 傳真：______________

行動電話：______________ E-Mail：______________________

◎謝謝您購買本書，也歡迎您加入我們的會員，請上大都會文化網站 www.metrobook.com.tw 登錄您的資料。您將不定期收到最新圖書優惠資訊和電子報。

龍行天下

中國製造未來十年新格局

北區郵政管理局
登記證北台字第9125號
免 貼 郵 票

大都會文化事業有限公司

讀 者 服 務 部 收

110台北市基隆路一段432號4樓之9

寄回這張服務卡〔免貼郵票〕
您可以：
◎不定期收到最新出版訊息
◎參加各項回饋優惠活動

大都會文化
METROPOLITAN CULTURE

大都會文化
METROPOLITAN CULTURE

大都會文化
METROPOLITAN CULTURE

大都會文化
METROPOLITAN CULTURE